Charlotte Kerner/Ann-Kathrin Scheerer
Jadeperle und Großer Mut
Chinesinnen zwischen gestern und morgen

Die Autorinnen:

Charlotte Kerner wurde 1950 in Speyer geboren und studierte Volkswirtschaft und Soziologie in Mannheim. Sie hielt sich zu Studienzwecken jeweils ein Jahr in China und Kanada auf. Heute lebt sie als freie Journalistin und Autorin in Lübeck. Für ihr Buch ›Lise, Atomphysikerin. Die Lebensgeschichte der Lise Meitner‹ erhielt Charlotte Kerner 1987 den Deutschen Jugendliteraturpreis.

Ann-Kathrin Scheerer, geboren 1954, studierte Sinologie an der Universität Hamburg. Sie lebte zwei Jahre in China und veröffentlichte im Anschluß daran zahlreiche Aufsätze zu Fragen der chinesischen Frauen- und Bevölkerungspolitik. Zuletzt erschien ihr Buch ›Zopfkopf – Eine Geschichte aus dem China von heute‹. Ann-Kathrin Scheerer lebt heute in Hamburg.

Charlotte Kerner
Ann-Kathrin Scheerer

Jadeperle
und Großer Mut

Chinesinnen
zwischen gestern und morgen

Mit vielen Fotos und Abbildungen

Deutscher
Taschenbuch
Verlag

Von den Autorinnen aktualisierte und ergänzte Ausgabe
September 1988
Deutscher Taschenbuch Verlag GmbH & Co. KG, München
© 1980 Otto Maier Verlag Ravensburg
ISBN 3-473-35221-7
Umschlaggestaltung: Celestino Piatti
Umschlagbild: Bernhard Förth
Gesamtherstellung: Kösel, Kempten
Printed in Germany · ISBN 3-423-07885-5

Inhalt

»Zwischen uns lagen zwei sehr verschiedene Kulturen ...«

Wenn über dem Wusuli-Fluß im Nordosten Chinas die Sonne aufgeht, ist über dem Pamir-Plateau im Westen noch tiefe Nacht. Wenn im Süden Chinas schon die Äcker bestellt werden, herrscht im Norden noch kalter Winter. China ist nicht nur ein Land mit einer langen, fünftausendjährigen Geschichte, es ist auch ein riesengroßes Land: Die Entfernung von Westen nach Osten beträgt 5000 Kilometer, von Norden nach Süden 5500 Kilometer.

In diesem Land lebt ein Viertel der Weltbevölkerung, über eine Milliarde Menschen, 500 Millionen Mädchen und Frauen. China ist immer noch ein sehr armes Land, wenn auch der Lebensstandard höher ist als in anderen Entwicklungsländern.

Als wir Mitte der siebziger Jahre zum ersten Mal nach China kamen, um in Peking zu studieren, hatten wir viele nützliche Dinge im Koffer, vom Pulverkaffee bis zum Heizlüfter. Modische Kleidung hatten wir weitgehend zu Hause gelassen, denn wir wußten ja, »Mode« war für chinesische Frauen kein Thema: Auf Bildern sahen sie alle gleich aus, mit ihren blauen Jacken, den schwarzen Zöpfen und vielleicht noch mit einem roten Halstuch. Im Laufe der Zeit lernten wir, daß die Einheitsmode sehr viele Vorteile hatte; man sparte Zeit und Gedanken und war immer »richtig« angezogen. Wir merkten, daß unser westliches Modebewußtsein eher vom Menschen ablenkt, der in den Sachen steckt. Natürlich waren die chinesischen Frauen von ihrer eingeschränkten Kleiderauswahl nicht so begeistert, denn sie war politisch verordnet. Heute, zehn Jahre später, hat sich das geändert, und viele Mädchen und Frauen genießen die größere Modevielfalt und den Griff zum Schminktöpfchen.

Während unserer Zeit in China unternahmen wir viele Reisen und lernten doch nur einen ganz kleinen Teil des großen Landes kennen. Wir studierten gemeinsam mit chinesischen Studentinnen. Wir arbeiteten mit Frauen in der Fabrik und mit Bäuerinnen auf dem Feld, denn das gehörte damals zum Studium. Wir trafen Parteifunktionärinnen und pensionierte ältere Frauen, die für Familienplanungsangelegenheiten zuständig waren. Wir redeten mit Schulmädchen und Kindergärtnerinnen. Nur langsam konnten wir Freundschaften schließen, denn der Kontakt mit Ausländern unterlag damals strenger politischer Kontrolle.

Im Studentenheim teilten wir ein Zimmer mit einer chinesischen Mitstudentin. Das war die beste Voraussetzung, nicht nur die Sprache zu lernen, sondern auch viel über Sitten, Lebensweise und Umgangsformen in China zu erfahren. Wir paßten uns den Lebensgewohnheiten unserer chinesischen Mitbewohnerin an, und das war einfacher als gedacht: Denn Chinesen sind gewöhnt, auf engstem Raum zusammenzuleben und Rücksicht aufeinander zu nehmen. Den Studentinnen aus dem Wohnheim verdanken wir viel von unseren Kenntnissen über ihr Land und mit ihnen verbindet uns heute noch eine Freundschaft – über 10000 Kilometer hinweg.

Genug zu essen und ein Dach über dem Kopf, ausreichende Kleidung und Krankenversorgung, eine grundlegende Schul- und Berufsausbildung, sogar etwas Luxus – eine Armbanduhr, ein Fahrrad, ein Radio –, das ist den meisten chinesischen Frauen und Mädchen heute sicher. Sie sagen, das alles verdanken sie der »Befreiung«, der Revolution im Jahre 1949, als Mao Tse-tung* in China die Macht übernahm. Ältere Frauen teilen die Geschichte in ihren Erzählungen immer wieder in »die Zeit vor der Befreiung« und »die Zeit nach der Befreiung« ein. In der alten Gesellschaft wurden Frauen wie Sklaven behandelt, »schlechter als Esel und Pferd« ging es ihnen. Sich an diese Zeiten zu erinnern, heißt in China »Bitternis essen«. Wir haben an den Anfang dieses Buches Geschichten über Mädchen und Frauen gestellt, die im Alten China gelebt haben.

Die jungen Frauen von heute denken nicht mehr so vergangenheitsbezogen. Sie wissen mehr über den Westen und vergleichen ihr Leben eher mit ihm als mit der schlimmen Vergangenheit. Sie haben große Erwartungen an die Zukunft. China hat sich vorgenommen, in den nächsten Jahrzehnten »ein modernes Land« zu werden, und auch die Mädchen und Frauen denken heute modern, ohne jedoch die chinesischen Traditionen aus dem Blick zu verlieren. Besonders wenn es um Liebe und Ehe geht, haben die alten Sitten noch großen Einfluß: Immer noch werden die meisten Ehen durch professionelle Ehevermittler oder Kuppler gestiftet; immer noch ist Jungfräulichkeit vor der Ehe ein Ideal. Ehen ohne Trauschein sind in China undenkbar.

* Bei der Wiedergabe der chinesischen Eigennamen wurde die offizielle Pekinger Umschrift benutzt mit Ausnahme der bereits eingebürgerten Schreibweise von Mao Tse-tung, Tschiang Kai-schek und Peking.

Die chinesischen Mädchen und Frauen, die in diesem Buch über sich und ihren Alltag im Neuen China erzählen, haben wir alle in China kennengelernt. Wir haben Namen verändert oder Erzählungen von mehreren Chinesinnen zu einer Geschichte zusammengefaßt. Die Auswahl ist begrenzt. Begrenzt durch die Art, wie wir in China lebten: als Ausländerinnen privilegiert und mit Vorsicht und auch Mißtrauen betrachtet. Dennoch, meinen wir, sind es typische Geschichten. Sie zeigen, daß eine Generation Sitten und Traditionen, die in Jahrhunderten und Jahrtausenden entstanden sind, nicht einfach abschaffen kann. Dazu braucht man Zeit und Geduld. Chinesinnen heute: Das bedeutet *Chinesinnen zwischen gestern und morgen.*

Charlotte Kerner
Ann-Kathrin Scheerer   Hamburg, Januar 1988

Mädchen und Frauen
im Alten China
oder
Gefangene auf Lilienfüßen

Die Kaiserinwitwe Ci Xi (1835–1908) mit ihrem Hofstaat

Fu Xuan, 3. Jahrhundert
Wie traurig, eine Frau zu sein

Wie traurig, eine Frau zu sein!
Nichts auf der Welt wird so gering geschätzt.
Jungen stehen lässig in der Tür
Wie aus den Himmeln gefallene Götter.
Ihre Herzen meistern die Meere,
Den Wind und Staub von tausend Meilen.
Niemand aber freut sich bei der Geburt eines
    Mädchens.
Durch sie erwirbt die Familie nichts.

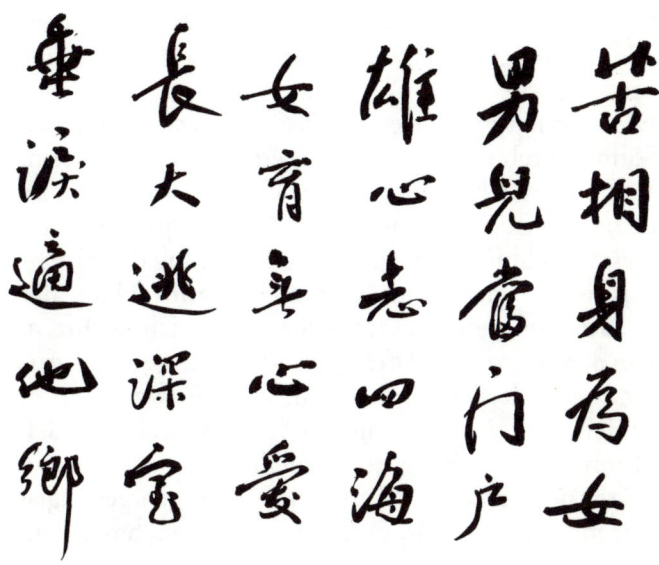

Ein Mädchen ist nichts wert

Mit der Geburt fing es an: Niemand im Alten China wünschte sich ein Mädchen. Söhne dagegen waren begehrt als Arbeitskräfte und Sicherheit für das Alter. Söhne konnten den Namen der Familie weitertragen, sie konnten den Familienbesitz erben, nur sie durften die religiösen Riten für die verstorbenen Ahnen ausführen. Mit Töchtern sah es dagegen anders aus. Der Konfuzianismus, die Philosophie, die zweitausend Jahre lang das Denken und Handeln der Chinesen bestimmte, lehrte, daß Frauen den Männern gehorchen mußten. Frauen und Mädchen mußten keusch sein, durften in Gegenwart von Männern nicht reden, sie sollten schön und fleißig sein. Möglichkeiten, etwas zu lernen, gab es für Mädchen nicht. In den Familien galten der Vater oder Großvater als Familienoberhaupt, die Söhne als Nachfolger, die Töchter oder Schwiegertöchter nur als Dienerinnen.

Die Eltern arrangierten die Heirat ihrer Töchter und Söhne durch eine berufsmäßige Heiratsvermittlerin. Vor der Hochzeit kannten sich die jungen Leute nicht. Die Tochter mußte den Mann nehmen, der das meiste Geld für sie bezahlt hatte. Am Tag der Hochzeit wurde die Braut verschleiert zum Haus des Bräutigams getragen. Mädchen, die sich wehrten, wurden kurzerhand festgebunden. Sie mußten zusammen mit dem Bräutigam, den sie wegen ihres Schleiers immer noch nicht sehen konnten, vor den Himmels- und Erdgöttern niederknien. Erst wenn später die Gäste und Familienangehörigen gegangen waren, durfte die Braut den Schleier abnehmen und

Dame der chinesischen Oberschicht

sah zum erstenmal den Mann, mit dem sie von nun an zusammenleben sollte. Die jungen Ehefrauen in den armen Familien arbeiteten den ganzen Tag. Sie mußten kochen, putzen, waschen, flicken, die Familie bedienen und viele Kinder gebären. Sie bekamen erst zu essen, wenn alle anderen gegessen und etwas übriggelassen hatten. In den oberen Schichten lebten die Frauen in abgetrennten Gemächern, zusammen mit den Konkubinen des Mannes. Opium half, das Leben zu ertragen. Bekam eine Frau keinen Sohn oder war sie nicht mehr schön genug, wurde sie oft einfach verstoßen, und ihr Mann kaufte sich eine neue Frau.

Doch viele Mädchen erlebten dies alles gar nicht. Sie wurden gleich nach der Geburt ertränkt oder ausgesetzt, wenn ihre Familien sie nicht ernähren konnten. Auf den Stadtmauern lagen oft Kinderskelette. Viele Eltern versuchten auch, ihre Tochter zu verkaufen. Ausländern in der Provinz Shandong wurden noch zu Beginn dieses Jahrhunderts Babies für acht Dollar »pro Stück« angeboten, Chinesen brauchten nur zwei Dollar zu bezahlen. Herrschte Hungersnot, so fielen die Preise: Ein Mädchen war dann nur noch zwanzig Cent wert. So begann für viele chinesische Mädchen der Lebensweg als billige Hausdienerin, als Konkubine oder Prostituierte in den städtischen Bordellen.

Frauen aus dem Alten China in verschiedenen, damals üblichen Gewändern und Trachten

Frau Ning (geb. 1867)
»Meine Füße waren wirklich
sehr klein geworden«

Eine der grausamsten Sitten im Alten China war das
Binden der Füße bei kleinen Mädchen. Noch heute
sieht man in China alte Frauen, die auf winzigen
Füßen über die Straßen humpeln, manchmal auf
einen Stock gestützt oder von einem Enkel geführt,
damit sie nicht das Gleichgewicht verlieren.

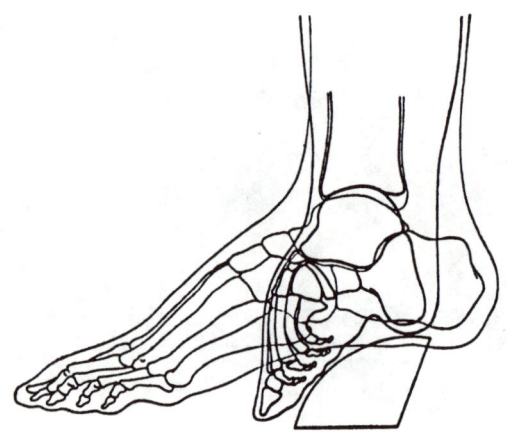

*Knochenstruktur eines verkrüppelten Fußes vor dem
Hintergrund eines normalen.*

Frau Ning wurde 1867 in Peking geboren. Ihr Vater
nannte sie »Kleiner Tiger«, der Name, den die Mutter ihr gab, ist nicht mehr bekannt. Schwester und
Bruder nannten sie »Kleine Schwester«, und die
Nachbarn riefen sie »Kleine Nummer fünf«, weil sie
das fünfte Kind ihrer Eltern war. Frau Ning arbeitete

ihr Leben lang als Dienerin. In den dreißiger Jahren erzählte sie der amerikanischen Wissenschaftlerin Ida Pruitt ihre Lebensgeschichte. An die Qual des Füßebindens konnte sie sich noch genau erinnern:

»Sie begannen erst, meine Füße zu bandagieren, als ich schon sieben Jahre alt war, denn ich rannte und spielte so gerne. Dann wurde ich krank und sie mußten die Bandagen wieder abnehmen. Als ich neun war, fingen sie wieder an, meine Füße zu binden, und nun mußten sie die Bandagen viel fester ziehen. Meine Füße taten so weh, daß ich zwei Jahre lang nur auf Händen und Füßen krabbeln konnte. In der Nacht schmerzten die gebundenen Füße manchmal so arg, daß ich nicht schlafen konnte. Ich steckte sie dann im Bett unter den warmen Körper meiner Mutter. Wenn sie sich drauflegte, tat es nicht mehr so weh, und ich konnte einschlafen.
Als ich elf Jahre alt war, taten meine Füße dann nicht mehr weh, und mit dreizehn waren sie fertig. Die Zehen waren so verdreht, daß ich sie auf der inneren, unteren Fußseite sehen konnte. Sie hatten sich unter der Fußsohle hindurch nach oben gedreht, und gerade noch zwei Fingerbreit paßten in den Zwischenraum von Zehen und Ferse. Meine Füße waren wirklich sehr klein geworden.
Die Schönheit und Anziehungskraft eines Mädchens wurden mehr durch die Größe ihrer Füße als durch ein hübsches Gesicht bestimmt. Eine Heiratsvermittlerin fragte damals nicht: ›Ist sie schön?‹, sondern: ›Wie klein sind ihre Füße?‹ Man sagte, ein durchschnittliches Gesicht wird vom Himmel gegeben, aber schlecht gebundene Füße sind ein Zeichen von Faulheit.«

Den Brauch des Füßebindens gab es in China etwa seit dem 10. Jahrhundert. Der geschichtliche Ursprung dieser Sitte ist umstritten. Die chinesische Tradition führt den Brauch des Bandagierens auf den

Kaiser Li Yu aus der Dynastie der Südlichen Tang (961–975 n. Ch.) zurück. Li Yu soll eine sehr begabte Tänzerin als Geliebte gehabt haben, für die er eine goldene Lotosblüte anfertigen ließ. Sie tanzte für ihn im Mittelpunkt dieses goldenen Lotos. Die Füße hatte sie mit weißer Seide leicht bandagiert, damit sie aussehen sollten wie ein Halbmond. Im kaiserlichen Palast entstand so die Sitte, sich die Füße zu binden, um der begehrten Tänzerin nachzueifern. Bald wurden kleine Füße zu einem allgemeinen Schönheitsideal in den oberen Gesellschaftsschichten: Man nannte sie Lotosblüten oder Lilienfüße. Solche Füße wurden zu einem Symbol für Anmut, Adel und gute Herkunft.

Große, unverkrüppelte Füße waren dagegen ein Zeichen für niedrige Abstammung. Niemand wollte ein Mädchen mit großen Füßen heiraten, und bald blieb auch den armen Leuten nichts anderes übrig, als ihren Töchtern die Füße zu binden, damit sie überhaupt eine Chance hatten, verheiratet zu werden. Aber gerade die Töchter von armen Bauern wurden auf dem Feld als Arbeitskräfte gebraucht. Oft zögerten die Bauern das Füßebinden hinaus. Die Zehenknochen waren dann schon ausgewachsen und mußten künstlich gebrochen werden.

Die Frauen konnten mit ihren »Lilienfüßen« kaum mehr als ein paar Schritte gehen. Sie konnten kaum das Haus verlassen, was auch den damaligen Moralvorstellungen entsprach, nach denen sich verheiratete Frauen nie außerhalb des Hauses aufhalten durften. Den unbeholfenen Gang auf verkrüppelten Füßen priesen die Dichter als »vollendete Anmut«. Im Volksmund hieß es: »Für jedes Paar gebundener Füße ein Eimer voll Tränen.«

Alte Frau mit verkrüppelten Füßen

Qiu Jin (1875–1907)
Warum laßt ihr euch wie Sklavinnen behandeln?

Um die Jahrhundertwende entstand in China eine noch schwache, aber doch merkbare Widerstandsbewegung der Frauen. Frauen der Oberschicht, die Kontakt hatten zu ausländischen Missionaren oder zu chinesischen Reformern, die gegen die Regierung kämpften, lehnten sich vereinzelt gegen ihr Schicksal auf und forderten die Abschaffung des Füßebindens und eine Schulbildung für Mädchen und Frauen. Qiu Jin, die mit einer kleinen Armee gegen die herrschende Mandschu-Dynastie kämpfte, war eine der ersten Revolutionärinnen in China. Sie hat sich gegen die Unfreiheit der Frauen gewehrt und in ihren Aufsätzen auch die Frauen angeklagt, die nichts gegen ihr Schicksal unternahmen. Am 17. Juli 1907 wurde Qiu Jin auf der Hinrichtungsstätte von Shaoxing, einer kleinen Stadt im Osten des Landes, geköpft. Sie war erst 32 Jahre alt.

»Sie sitzen den ganzen Tag unbeweglich herum wie eine Tonfigur, und in Gefahrensituationen sind sie ohnmächtig wie ein Gefangener, denn sie können nicht fliehen, weil sie sich ja nicht bewegen können. Sie können sich nur noch in die schlechte Behandlung fügen, die sie erfahren, aber sie haben es sich auch selbst ausgesucht. Es gibt auch Frauen, die überhaupt keine Selbstachtung besitzen. Sie lieben die kleinen Füße ebenso wie ihre Ehemänner, sie schnüren die Bandagen, die sie zusammenhalten, immer noch enger, und können sich auf diese Weise schmeicheln, es geschafft zu haben, daß ihre Füße einer dreizollgroßen Lotos-knospe gleichen. Wenn sie gehen, sehen sie aus wie die Zweige einer Trauerweide, und sie bilden sich ein, daß das sehr schön ist. Wenn sie sich an ihre Tür anlehnen müssen, so halten sie sich für schön und anziehend. Anstatt sich zu wehren gegen ihre Lebensbedingungen, sind sie mit sich zufrieden und begnügen sich damit, die Sklavinnen ihrer Söhne und Ehemänner zu sein.

Oh, meine lieben Schwestern, ich kann nicht verstehen, warum ihr es zulaßt, daß man euch wie Sklaven oder wie Vieh behandelt. Ihr solltet euch gegenseitig davon über-zeugen, daß ihr ebenfalls vier Gliedmaßen und fünf Sinne besitzt und daß ihr genauso klug und begabt seid wie die Männer. Ich möchte, daß ihr ein für alle Mal euer Sklavenbewußtsein ablegt, daß ihr euch aus eurem Ge-fängnis befreit und mit euren Studien beginnt. Dann werdet ihr erfahren, daß die Frauen keine unnützen Wesen sind, und daß das Streben der Frauen nach einem eigenständigen Leben ebensogroß ist wie das der Männer. Um die Dinge zum Besseren zu wenden, brau-chen wir keine Waffen, aber wir müssen uns in Zukunft von dieser Geisteshaltung freimachen, die uns im Elend festhält. Wenn wir einen Beruf erlernen, werden wir unabhängig leben können, und wir brauchen uns dann nie mehr Sorgen zu machen, wie wir Unterstützung finden.«

Shan Fei (geb. 1905)
Im Herzen ihrer Mutter lebten Auflehnung und Widerstand

Shan Fei war die Tochter eines reichen Grundbesitzers in der Provinz Hunan. Sie wurde etwa 1905 geboren. Ihr Leben ist sicherlich nicht typisch für die jungen Frauen der damaligen Zeit, aber es zeigt die Schwierigkeiten einer Chinesin, wenn sie sich gegen die damals herrschenden Moralvorstellungen auflehnte. Später wurde Shan Fei Kommunistin und heiratete einen Bauernführer. Agnes Smedley, eine amerikanische Journalistin, die lange Zeit in China gelebt und mit den Partisanen gekämpft hat, schrieb Mitte der dreißiger Jahre Shan Feis Geschichte mit schönen, lyrischen Worten auf.

»Ihre Mutter war eine seltsame Frau, eine Frau alten Stils, deren Füße von frühester Kindheit an bandagiert waren und die, wie es sich für die chinesische Frau ziemt, den Kopf vor jedem Wunsch ihres Gatten beugte. Denn der sah auf das Althergebrachte und Überlieferte. Und doch müssen in ihrem Herzen heimlich Auflehnung und Widerstand gelebt haben. Sie sah ihre Söhne aufwachsen, die Schule besuchen und mit neuen Ideen erfüllt nach Hause kommen. Sie hörte von den modernen Frauen, die begannen, ein selbständiges Leben zu führen – Frauen mit unverbildeten Füßen, Frauen, die lernten und studierten wie die Männer, die nur heirateten, wenn sie wollten und wen sie wollten. Oft saß sie so, den Erzählungen der Söhne lauschend, an der Wiege ihrer kleinen Tochter Shan Fei, deren Bewegungen sie mit zärtlichem Auge verfolgte. Und dann mögen träumende Gedanken ihr durch den Sinn gegangen sein. Welches diese Träume waren, wissen wir nicht, wir wissen nur, daß sie für die Freiheit ihrer Tochter starb.

Dieser Kampf spielte sich hinter den hohen steinernen Mauern ab, die ihr Haus wie das so manches reichen chinesischen Grundbesitzers umgaben. Der Feind war ihr Mann und seine Brüder. Und die Waffen, mit denen die Mutter für ihre Tochter kämpfte, waren die alten Waffen der unterdrückten Frau: Tränen, Bitten, Intrigen, Listen. Zunächst erreichte sie eines: Ihr Gatte willigte ein, daß Shan Fei Unterricht erhielt, vorausgesetzt, daß ein Mann alten Stils ihr Lehrer würde, der ins Haus kam und sie nur die alten chinesischen Schriftzeichen lehrte. Dagegen ... wurden die Füße der kleinen Shan Fei bandagiert und sie selbst dem schwächlichen Sohn eines reichen Nachbarn feierlich verlobt. Als Shan Fei elf Jahre alt war, starb der Vater plötzlich. Vielleicht starb er eines natürlichen Todes, vielleicht hat Shan Feis Mutter aufrichtige Tränen geweint. Aber sofort nach dem Ende der Begräbnisfeierlichkeiten wurden die Bandagen von den Füßen des kleinen Mädchens entfernt, und die Erde auf dem Grab des Vaters war noch feucht, als Shan Fei in eine moderne Schule, 50 km von zu Hause entfernt, geschickt wurde. Doch obgleich die Bandagen entfernt wurden, waren die kleinen Füße schon während der fünf Jahre, die sie gebunden gewesen, verkrüppelt, dem Mädchen ihr ganzes Leben hindurch das Gehen erschwerend. Auf jeden Fall waren die Bandagen weg, und mit ihnen das Symbol einer Form der weiblichen Versklavung.

Es blieb jedoch das Eheversprechen an den Sohn des reichen Mannes, das in China gesetzlich bindende Kraft hatte. Und Eltern, die es zu brechen versuchten, konnten vom Gericht zu einer schweren Strafe verurteilt werden. Gegen Shan Feis Mutter erhob sich der Verdacht, daß sie gegen die Verlobung intrigiere und Pläne mache, sie zu brechen. Das Gerücht wollte sogar wissen, daß sie

Shan Fei nicht, wie es einer guten chinesischen Mutter Pflicht ist, bedingungslosen Gehorsam lehrte, sondern sie sogar ermutigte, unabhängig und aufsässig zu sein. Dies Gerücht verbreitete sich wie ein Lauffeuer, als Shan Fei sich an die Spitze eines Streiks gegen die korrupte Verwaltung ihrer Schule stellte. Sie war damals fast sechzehn Jahre alt, also im richtigen Alter, verheiratet zu werden. Aber obwohl sie mit Schimpf und Schande aus der Schule ausgestoßen wurde, kehrte sie mit erhobenem Haupt nach Hause zurück. Und ihre Mutter unterstützte sie – anstatt sie zu züchtigen – und brachte sie nur in eine noch größere und modernere Schule, weit weg in Wuchang am Jangste, in der männliche und weibliche Schüler gemeinsam unterrichtet wurden!

Nach all diesen Vorfällen erhob der reiche Grundbesitzer gegen Shan Feis Mutter Klage und ließ sie vor Gericht laden unter der Anklage, daß sie die Ehe verhindern wolle. Aber die alte Frau verteidigte sich mit List und konnte den Gerichtshof überzeugen, daß sie die Heirat nur um zwei Jahre hinausschieben wolle. Sie überzeugte den Richter, aber nicht den Grundbesitzer. Dem Landesbrauch entsprechend, rief er die bewaffneten Edelleute der Umgebung zu Hilfe. Als Shan Fei während der Ferien nach Hause kam, versuchte man, sie mit Gewalt zu rauben. Aber es gelang ihr zu entkommen. In den nächsten Ferien wurde der Raubversuch wiederholt. Mit Hilfe ihrer Mutter entkam sie wiederum, verbarg sich in den Hütten der Bauern und kehrte auf vielen Umwegen nach Wuchang zurück. Dort aber erwartete sie bereits die Nachricht vom Tode ihrer Mutter. Vielleicht war die Mutter eines natürlichen Todes gestorben – vielleicht aber auch nicht. Shan Fei behauptet, ihre Mutter sei aus Gram über den Streit und den Kampf in der Familie gestorben. ›Sie starb meinetwegen‹, sagte sie, und in der Art, wie sie diese Worte sagte, lag nichts von weinerlicher Sentimentalität, sondern Stolz und das Bewußtsein einer großen Aufgabe.

Shan Feis Schulkameraden suchten sie davon abzuhalten, zum Begräbnis nach Hause zu fahren. Aber für sie war nicht nur die Mutter gestorben, sondern eine Vorkämpferin für die Freiheit der Frau. Und da Shan Fei jung, unerschrocken und ein wenig stolz darauf war, ihren Feinden zweimal entschlüpft zu sein, glaubte sie, sie würde ihnen abermals entgehen können. Nur aus Vorsicht besprach sie mit den Kameraden der Studentenvereinigung Pläne, daß man sie im Auge behalten und ihr helfen solle zu entkommen, falls sie nicht innerhalb einer bestimmten Frist nach Wuchang zurückkehre.

Kaum war die alte Mutter bestattet, da wurde auch schon das Haus, in dem Shan Feis Vorfahren seit vielen Generationen gelebt hatten, von Bewaffneten umstellt, sie selbst gefangengenommen und in das Haus ihres Schwiegervaters gebracht, wo sie in den Brautgemächern eingesperrt wurde. Dort überließ man sie ihren eigenen Gedanken in der Erwartung, daß sie bald zur Vernunft kommen werde.

Aber sie kam nicht zur Vernunft, sondern nahm eine Woche lang keine Nahrung zu sich. Eine Frau aus der Familie des Grundbesitzers brachte sie dazu, den Hungerstreik abzubrechen. Sie war die erste Frau des Grundbesitzers, welche die Chinesen ›Mutter‹ nennen, um sie von den Konkubinen zu unterscheiden. Die Alte hörte den seltsamen Worten des aufrührerischen reichen Mädchens zu, um das seit Jahren ein Kampf geführt wurde, und wandte ebenfalls die alten Listen der Frauen an, um dem Mädchen etwas Freiheit zu verschaffen. Diese dem Grundbesitzer abgerungene Freiheit bestand darin, daß das Mädchen sich ungehindert im Haus und auf der Besitzung, jedoch nicht jenseits der hohen steinernen Wälle, die das Gut umgaben, bewegen durfte.

In China bleiben Geheimnisse nicht geheim, und Nachrichten verbreiten sich mit dem Winde. Vielleicht kam es so, daß drei Studenten aus Wuchang, ein Mädchen und zwei Jungen, in die Nachbarschaft kamen und einen Diener durch Bestechung dazu bewegten, Shan Fei Botschaften zu überbringen. Jedenfalls gelang es Shan Fei eines Abends, die Wälle zu überklettern und auf der anderen Seite in der Dämmerung zu verschwinden. In dieser Nacht wanderte sie mit ihren Freunden im Licht der Sterne nach Wuchang...«

Jiang Xiaohong (geb. 1902)
»Die Körper meiner Schulkameradinnen
retteten mein Leben«

Jiang Xiaohong wurde 1902 in Hongkong geboren.
Ihre Familie war reich und angesehen. Mit 18 Jahren
begann Jiang Xiaohong ihr Medizinstudium in Peking. Die großen Städte waren damals von einer
revolutionären Bewegung gegen den ausländischen
Einfluß in China und gegen die korrupte Regierung
erfaßt. Die Arbeiter streikten, die Studenten demonstrierten, und die Polizei bekämpfte beide Gruppen
mit Waffengewalt. Viele Studentinnen beteiligten
sich an den patriotischen Bewegungen, so auch
Jiang Xiaohong, die ihre Erlebnisse später ebenfalls
Agnes Smedley erzählte:

»Ich hatte zwei Schwestern und vier Brüder, und die
Mutter liebte mich mehr als die andern – obwohl ich ein
Mädchen war –, denn man sagt bei uns, daß ein klump-
füßiger Sohn mehr wert sei als eine Tochter mit den
Tugenden von achtzehn Lohans. Eine Tochter aufzie-
hen heißt, sagt man, soviel wie sein Geld hinauswerfen,
genau so, als ob man anderer Leute Garten bewäs-
sere.
Als ich sechs Jahre alt war, gründete ein Verwandter, der
aus dem Ausland zurückgekommen war, eine Schule in
Hongkong und veranlaßte Mutter und Großmutter, mich
in diese Schule zu schicken. Das gab damals eine große
Aufregung, da bei uns eine Schule wie diese, in der
Knaben und Mädchen gemeinsam unterrichtet wurden,
weder von Chinesen noch von Engländern gebilligt
wurde...

In Peking begann ich an der berühmten National-Universität mein medizinisches Studium und gleichzeitig eine ernsthafte und gründliche Beschäftigung mit dem Marxismus. Je weiter ich im Studium der Medizin vordrang, um so klarer wurde mir, daß die meisten Krankheiten sozialen Ursprungs waren und in einer freien, kommunistischen Gesellschaft, in der es keine durch Ausbeutung verursachte Armut mehr gibt, verschwinden würden.

Fünf Jahre lang hatte ich in Peking studiert, als am 30. Mai 1925 von der britischen Polizei in Shanghai Arbeiter und Studenten hingemetzelt wurden. Ich nahm an den darauf folgenden Streiks und dem antibritischen Boykott, der das ganze Land ergriff, aktiv teil. Im folgenden Jahr jedoch, am 18. März, schoß die chinesische Polizei in Peking eine große Zahl von Studenten nieder, die gegen ein imperialistisches Ultimatum demonstrierten.

Ich war mitten in dieser Demonstration. Die Polizisten hatten ihre Gewehre erhoben und in die versammelten Massen, Tausende von Studenten, auch Kinder, geschossen. Als die Menge sich vor dem Kugelregen in Sicherheit zu bringen suchte, schossen sie weiter die Menschen in den Rücken, lachten und setzten wieder an. Sie feuerten auf Menschen, als ob es Vögel seien. Etwas Unglaubliches war daran, etwas, das so seltsam war, daß ich mich nicht bewegen konnte. Endlich wandte auch ich mich, dabei strauchelte ich, fiel und sah, daß ich auf den Körper eines Mädchens gefallen war, dem das Blut in einem langsamen, dunklen Strom den Nacken herabfloß. Plötzlich fiel jemand auf mich, dann noch jemand, und so wurde ich fest auf den unter mir liegenden Körper gedrückt. Unfähig mich zu rühren, hörte ich Todesröcheln, fühlte das Zucken und die Krämpfe der Körper über mir, und dann begann etwas sehr Warmes und Rauchendes sich ganz über mich zu ergießen, durch meine Kleider, über meinen Hals und mein Gesicht. Von weitem hörte ich das Tack-Tack der Gewehre und die Schreie von Männern und Frauen. Ich schrie um Hilfe, doch niemand hörte mich. Dann vergaß ich alles, bis Stimmen mich weckten und meine Augen auf Freundinnen fielen, die in meinem Schlafraum das Blut von meinem Körper wuschen.

Bei dieser Metzelei retteten die Körper meiner Schulkameradinnen mein Leben. Meine einzige Verletzung war eine Schußwunde im Oberarm.«

Jiang Xiaohong (geb. 1902)
»Willst du meine Konkubine werden?«

Während in den ersten Jahrzehnten des 20. Jahrhunderts die Mädchen und Frauen der chinesischen Oberschicht das Frauenwahlrecht und Mädchenschulen forderten und vereinzelt bereits Universitäten besuchten, hatte sich an der bitteren Lage der Arbeiterinnen und Bäuerinnen nichts geändert. Mädchen aus armen Familien wurden noch immer ertränkt oder später als Magd oder Konkubine verkauft. Jiang Xiaohong erlebte, wie junge Mädchen verkauft wurden:

»Ich erinnere mich sehr deutlich daran, wie ich schon als winziges Kind an der Seite meiner Großmutter, die die Reichen mit Konkubinen versorgte, die Männer beobachtete, wenn sie sich die Mädchen aussuchten. Meistens waren es fette Beamte oder reiche Kaufleute aus Kanton. Seltener waren die Käufer Leute, die Haussklaven suchten. Den reichen Besuchern in ihren langen, fließenden Seidengewändern bot die Großmutter zunächst Tee an, wobei sie sich nach der Gesundheit und dem Appetit der ehrenwerten Familie erkundigte. Nach langen Vorreden kam man schließlich zu dem eigentlichen Zweck des Besuches: Die Mädchen wurden, nachdem sie draußen auf das vorteilhafteste hergerichtet worden waren, vorgeführt. Sie erschienen in schönen Gewändern mit gepuderten und geschminkten Gesichtern. Die Käufer waren aber meistens gerissene Geschäftsleute, die sich nicht so leicht betrügen ließen und nicht auf die Aufmachung hereinfielen. Sie zwangen dieses oder jenes Mädchen, die langen, breiten Hosenbeine bis zum Schenkel heraufzuziehen oder das Ge-

Kaiserliche Konkubine

wand zu öffnen, um sich von der wirklichen Hautfarbe zu überzeugen. Oft nahmen sie auch ihre seidenen Taschentücher, feuchteten sie mit der Zunge an und rieben so lange, bis unter dem Puder die wirkliche Gesichtshaut hervorkam. Manchmal tasteten sie auch die Körper der Mädchen ab.

War der Käufer soweit zufriedengestellt, so näherte er sich dem Mädchen mit einem Lächeln und fragte: ›Willst du meine Konkubine werden?‹ Das Mädchen antwortete dann mit traurig gesenktem Kopf: ›Ja.‹ Dabei rollten oft große Tränen aus seinen Augen über das gepuderte Gesicht, wo sie lange, traurige Streifen hinterließen. Während der Käufer mit meiner Großmutter um den Preis feilschte, verließ das Mädchen den Raum. Es wurde zunächst nur eine Anzahlung geleistet, bis sich nach der ersten Nacht herausgestellt hatte, ob das Mädchen eine Jungfrau war. War das nicht der Fall, so konnte er sein Geld zurückfordern.

Viele meiner Landsleute sind des Glaubens, der Kauf einer Konkubine sei eine Angelegenheit der Liebe. Die Ehefrau habe die Familie fortzusetzen und für die Verehrung der Ahnen zu sorgen, die Konkubine dagegen repräsentiere das höhere Element der Liebe. Liebe? Ist der Kauf solch hilfloser armer Frauen, die man oft wieder anderen überläßt, Liebe?

Ich spreche nicht etwa von der Vergangenheit, von der Zeit, als ich noch ein Kind war. Ich spreche von der Gegenwart. Auch heute noch sind diese Gebräuche lebendig. Je tiefer mein Land in Armut und Unterdrückung versinkt, um so tiefer faßt der Sklavenhandel in ihm Wurzel. Die höchsten Beamten in den verschiedenen Regierungen von Kanton, Nanking und Peking haben sich solche Sklavinnen als Konkubinen zugelegt, und sogar Tschiang Kai-schek, den das Ausland so bewundert und beschützt, hat vier solcher Frauen gehabt, die er dann abgeschafft hat, um eine Frau zu heiraten, deren Beziehungen ihm wertvoll schienen ...«

Die Lebenslänglichen
nach Egon Erwin Kisch

In Shanghai gab es in den dreißiger Jahren Mädchenhändler besonderer Art. Sie besorgten sich Kinder vom Land, gaben ihnen ein Bett, jeden Tag eine Handvoll Reis und fuhren sie am Morgen auf Holzkarren in die Textilfabriken. Der Lohn dieser Kinder gehörte jenen »Wohltätern«. Der Journalist Egon Erwin Kisch (1885–1949) veröffentlichte im Jahre 1933 eine Reportage über seine Chinareise. In ›China Geheim‹ schreibt er:

»Zweihundert Meter lang sind die Spinnereisäle. Die vielen Maschinen werden durchweg von Mädchen bedient. Keines der Kinder sieht älter aus als sechs Jahre. Aber wir wissen von der Klinik her, daß der Schein täuscht. Dort sehen die Zwanzigjährigen wie Dreizehnjährige aus, also sind die, die in der Gestalt von kaum Sechsjährigen an den Maschinen arbeiten, allenfalls schon elf oder dreizehn Jahre alt. Zwölf bis vierzehn Stunden arbeiten die Kinder ohne Mittagspause. Keinen Augenblick stoppt die Rotation der Spindeln. Gegessen wird, während man darauf achten muß, wie sich die Kurbel weiterdreht und die Ringbahn weiterhebt und der Faden weiterstreckt. Faserflug und Staub setzen sich zwischen Reiskörnern fest.
Vormittags und mittags haben die Kinder noch nicht die resignierten Mienen der Erwachsenen, sie schneiden lustige Grimassen und die Arbeit geht spielerisch vonstatten. Aber am Abend: Da fallen ihnen die geschlitzten Äuglein zu, die Beinchen wanken. Nicht etwa spielen möchten die Kinder, nur ein wenig ausruhen. Ausruhen? Die Fabrik zahlt den Lohn nicht, damit der große oder

kleine Belohnte innerhalb der Arbeitszeit ausruht. Dieser Lohn beträgt für die Kinder von fünfzehn Jahren in den großen Shanghaier Textilfabriken zweiundzwanzig Pfennig, in den Seidenspinnereien sechs Pfennig täglich.

In den Seidenspinnereien Shanghais gehen Aufseher mit Stöcken in der Hand durch den Saal, um auf der Stelle jeden Fehler durch Züchtigung zu bestrafen. Entlang der Wände stehen die Kinder, oft kaum Fünfjährige. Die Kleinen weichen die Kokons in Becken mit siedendem Wasser ein; ihre Händchen sind verbrüht; denn sie haben weder Gummihandschuhe noch Löffel zum Baden der Kokons. Im heißen Dampf, der ihnen in die Augen und Lunge dringt, suchen sie das Fadenende und reichen die Kokons den Frauen hinüber, die je sechs Fäden zusammenzwirnen und über eine der von ihren Füßen bewegten Haspeln leiten. Ein Kind bedient je zwei Frauen. Dampf und Hitze und Schweißgeruch. Keine Ventilation. Der Mann mit dem Stock durchwandert den Saal, damit keine Stockung eintritt.

Der Begriff der Lebenslänglichkeit ist hier wörtlicher gefaßt als in den Strafgesetzbüchern: Das Neugeborene liegt unter dem Webstuhl, Schwesterchen steht an der Spinnmaschine, Mutter arbeitet am Scherbaum. Großmutter näht die Ballen zusammen. So soll dein Leben ablaufen, Baby, nach dem Gesetz, nach dem du angetreten. Hier sollen deine Wangen bleichen, deine Augen trüb und deine Beine schwach werden. Der Handgriff, dir am ersten Tag beigebracht, soll dein Handgriff sein am letzten Tag, sonst sollst du nichts erlernen und erleben. Schule und Spielplatz leben weder dir, Kind, das du kein Kind sein darfst, noch deinen Mitschülern, die keine Mitschüler sein dürfen, noch deinen Spielkameraden, die keine Spielkameraden sein dürfen.«

Die Arbeiterinnen aus der Provinz Guangzhou
nach Agnes Smedley

In den zwanziger und dreißiger Jahren entwickelte sich in Chinas Küstenstädten die Industrie. Viele Bauern zogen mit ihren Familien in die Städte in der Hoffnung auf ein besseres Leben. Die Löhne waren niedrig. Die Frauen mußten mitarbeiten. Der Hungerlohn, den die Frauen und Mädchen in den städtischen Fabriken für ihre Arbeit erhielten, reichte kaum fürs Überleben. Sie lebten am unteren Rande der Gesellschaft, und doch: Ihre Arbeitskraft brachte Lohn, und der gab den Frauen ein kleines Stückchen Selbstbewußtsein und ein wenig Unabhängigkeit von ihren Männern. Agnes Smedley, die amerikanische Journalistin, schildert die arbeitenden Frauen in der südchinesischen Provinz Guangzhou:

»Durch die engen gepflasterten Straßen kamen ganze Ströme von Frauen gezogen – Tausende von Frauen. Man konnte schon von weitem hören, wie ihre durch eine schwarze Schnur zwischen den Zehen festgehaltenen Holzsandalen auf den runden Pflastersteinen klapperten. Sie strömten über die gewölbten Steinbrücken, die die Kanäle überspannen, hinein in die gähnend weit geöffneten Tore der Seidenspinnereien und Webereiwerkstätten. Alle trugen sie den in Guangdong heimischen Stoff, einen glänzend schwarzen Satin, ganz kurze Jacken und lange Pumphosen. Wie auch sonst alle chinesischen Frauen gingen sie ohne Kopfbedeckung. Ihr schwarzes Haar war geölt und durchgebürstet, so daß es wie Lack glänzte; in schweren Zöpfen fiel es fast bis zu den Hüften. Die einzige farbige Stelle war das

Dreieck im Nacken, wo die Zöpfe mit einem Band aus roter Seide oder einer zollbreiten Strähne zusammengebunden waren...

Scharenweise strömten die Mädchen als Arbeiterinnen dorthin. Und mit ihren winzigen Löhnen errangen sich die Töchter der Bauern und kleinen Kaufleute ihre Unabhängigkeit. Ihr erster Schlag galt der Heirat. Sie trugen diesen Kampf in ihrer Familie aus. Ihre mageren Löhne gaben ihnen eine für ihre armen Familien mächtige Waffe in die Hand, und wenn auch viele in diesem Kampf unterlagen, so gingen doch Zehntausende siegreich daraus hervor. Eine Tochter, deren Geburt bisher mit einem Seufzer der Trauer begrüßt wurde, wurde jetzt mit Freude und Stolz willkommen geheißen. Die Zeit war zu Ende, da nur noch Söhne einen wirtschaftlichen Vorteil brachten. Die Lage der Frauen in diesem Kreis war grundlegend geändert.

Im großen und ganzen waren die chinesischen Männer von diesem Wechsel unangenehm berührt. Daß solche Frauen Geld verdienen, war schon in Ordnung – aber weshalb diese hochnäsige Unabhängigkeit? Ja, die Frauen sind groß, stark und hübsch. Aber mit welchem Recht erheben sie Anspruch darauf, ihr Geld so auszugeben, wie sie das wollen, und sogar in das Kino zu gehen, das in dieser Stadt zweimal im Monat geöffnet ist? Mit welchem Recht machen sie sich über ihre Aufseher oder Unternehmer lustig? Wer erlaubt es ihnen, leise Bemerkungen zu flüstern, wenn jemand vom stärkeren Geschlecht vorbeigeht, ihre Arbeit zu beobachten? ...Für die Seidenindustrie leider Gottes unentbehrlich, aber jedenfalls anspruchsvolle Dinger!«

Li Guiying, geb. um 1930
»Ich beschloß, so viel wie irgend möglich zu
lernen«

Li Guiying kommt aus einem kleinen chinesischen
Dorf, das in den vierziger Jahren von den Truppen
der Nationalregierung und denen der Kommunisten
umkämpft wurde. Während die Regierungstruppen
von Tschiang Kai-schek in den Dörfern plünderten,
brandschatzten und vergewaltigten, standen die
kommunistischen Soldaten auf der Seite der Bevölkerung: Sie halfen, Getreide anzubauen, Krankheiten
zu bekämpfen und richteten kleine Schulen zum
Lesen- und Schreibenlernen ein. Gleichzeitig unter-
stützten sie die Bauern im Kampf gegen die Groß-

Chinesin auf dem Weg zur Arbeit

grundbesitzer. Viele Frauen wurden unter Anleitung der kommunistischen Guerillatruppen zum erstenmal im Kampf aktiv. Sie kümmerten sich um die Verwundeten, leisteten Kurierdienste oder nahmen auch selbst Gewehre in die Hand. Das Mädchen Li erlebte die Revolution in ihrem Dorf mit und war dort eine der ersten jungen Frauen, die nach der Befreiung auf eine Parteischule geschickt wurden. Was sie dort lernte und wofür sie lernte, erzählte sie Jan Myrdal, einem schwedischen Journalisten:

»Als ich in der Schule ankam, traf ich dort viele Frauen und Männer. Nach ein paar Wochen gewöhnte ich mich daran, zur Schule zu gehen. Die Hauptsache war, daß wir Lesen und Schreiben lernen sollten. Zu Anfang fiel es mir etwas schwer, in der Gemeinschaft zu leben, aber dann ging es besser. Ich beschloß, so viel wie irgend möglich zu lernen. Keinen Augenblick wollte ich verlieren, wo ich nun endlich eine richtige Schule besuchen durfte. Ich dachte daran, wie es jetzt in unserer neuen Gesellschaft aussah und was wir unter Hu Zongnan auszustehen hatten, und ich gelobte mir, sobald ich fertig war mit der Schule, alle Frauen für das neue Zusammenleben zu gewinnen. Darum lernte ich mit großem Eifer.
In der Schule stand ich zur selben Zeit auf wie im Dorf. Zuerst hatten wir eine Unterrichtsstunde von vierzig Minuten. Da wurden unsere Aufgaben abgefragt. Nach kurzer Unterbrechung hatten wir dann eine weitere Unterrichtsstunde entweder in Rechnen oder Chinesisch. Um acht Uhr gab es dann Frühstück, meist Dampfbrot und Gemüse. Dann folgten wieder drei Stunden Rechnen oder Chinesisch. Zwischen jeder Unterrichtsstunde hatten wir fünfzehn Minuten Pause. Anschließend war eine Ruhepause von anderthalb Stunden, dann folgten wieder drei Stunden Rechnen und Unterricht in der

chinesischen Sprache. Danach gab es Mittagessen. Meist bekamen wir gedämpfte Hirse mit Gemüse. Einmal in der Woche gab es ein Fleischgericht. Das war natürlich besseres Essen, als wir es von zu Hause gewöhnt waren, aber wir brauchten es auch, denn wir arbeiteten angestrengt und mußten ja alles auf einmal lernen. Nach dem Mittagessen hatten wir neunzig Minuten zur Erledigung unserer Schularbeiten. Dann folgten noch verschiedene Arten von Selbstbeschäftigung. Politische Studien waren nicht vorgesehen. Es war ja ein Kursus, in dem wir Lesen und Schreiben lernen sollten. An den Abenden wurde meist gesungen und diskutiert. Wir lernten viele Lieder und erzählten allerlei von unseren Heimatdörfern und was dort noch gemacht werden könnte. Uns allen war klar, daß wir so schnell wie möglich Lesen lernen mußten. Wir waren sechs Frauen im Zimmer. An den Sonntagen hatten wir frei. Da ging ich immer nach Hause und habe auf dem Acker geholfen. Dort wurde ich ja auch gebraucht.

Die Zeit in der Parteischule war der entscheidende Abschnitt meines Lebens. Dort begriff ich, was ich aus meinem Leben machen mußte. Im Juli 1951 kehrte ich nach Liu Ling zurück. Da konnte ich lesen und schreiben und nahm an der Herbsternte teil, und im Winter begann ich, die Frauen zum Studieren zu organisieren. Als ich zurückkam, sagten die Frauen zu mir: ›Wir glaubten nicht, daß man erwachsenen Leuten das Lesen und Schreiben beibringen könnte, aber du hast es gelernt.‹ Deshalb wollten die jüngeren Frauen nun auch Lesen lernen, und ich erzählte ihnen, wie wichtig es sei, lesen und schreiben zu können. Wer lesen könne, sei ein sehender Mensch, und wer es nicht könne, sei blind. In jenem Winter brachte ich zehn Frauen hundert Schriftzeichen bei. Das genügt nicht, um eine Zeitung zu lesen, aber es reicht aus, um einfachere Rechnungen und Quittungen auszustellen oder sich Notizen zu machen. Sie haben seitdem auch weitergelernt, aber mühsam.

Sie können auch jetzt nach zehn Jahren nicht viel mehr lesen, obwohl ich die ganze Zeit über mit ihnen gearbeitet habe ...

Nach den Unterrichtsstunden wurde diskutiert. Die Frauen sollten sich darüber äußern, wie es früher im Vergleich zu heute war und wie es in Zukunft sein müßte. Die Frauen sagten zum Beispiel: ›Meine Füße waren so stark geschnürt, daß ich nicht gehen konnte. Nach den früheren Sitten durfte eine Frau in den ersten drei Jahren ihrer Ehe nicht die Schwelle ihres Hauses verlassen. Wir durften auch nicht auf dem Kang essen, sondern mußten bei den Mahlzeiten auf einem Schemel sitzen, und wenn die Eltern einen mit einem Dorfköter verheiraten wollten, mußte man auch damit zufrieden sein. Aber nun kann man sich den Mann ansehen, bevor man heiratet, und man kann sich weigern, ihn zu nehmen, wenn er einem nicht gefällt. Die alte Gesellschaftsordnung war schlecht, und die neue ist gut.‹ Wir sprachen auch darüber, ob die Frau dem Manne gleichberechtigt sei oder nicht, und die meisten sagten: ›In der Familie sind Mann und Frau gleich. Wir helfen den Männern, wenn sie draußen auf den Äckern arbeiten, und sie sollen uns im Haushalt zur Hand gehen.‹ Aber viele der älteren Frauen meinten: ›Die Frau ist nun einmal dazu geboren, das Haus in Ordnung zu halten. Eine Frau kann nicht auf dem Felde arbeiten. Das ist nun einmal so, Frau und Mann sind eben verschieden. Ein Mensch wird entweder zum Mann oder zur Frau geboren. Für den Acker oder für das Haus.‹ Wir führten lange Gespräche. Die Jungen waren für Gleichberechtigung und Freiheit... Aber die ältere Generation sagt immer noch: ›Was weiß schon eine Frau? Nichts weiß sie. Und was ist eine Frau wert? Nichts und wieder nichts!«

Daten zur Neueren Geschichte Chinas

1851–1864 Der Taiping-Aufstand, dessen Führer in einigen Teilen Chinas zehn Jahre lang die Macht hatten, fordert die »Gleichheit aller Menschen«. Zum erstenmal in der chinesischen Geschichte erhalten die Frauen gleiche Rechte wie die Männer, sie werden militärisch ausgebildet und das Binden der Füße wird unter Strafe gestellt. Die Aufständischen werden von den Regierungstruppen besiegt. Die spätere Frauenbewegung in China knüpft an die Tradition der Taipings an.

1898 Es entsteht in China eine Reformbewegung, angeführt von Intellektuellen, die China modernisieren wollen. Sie beschäftigen sich mit westlichen Ideen von politischer Reform, von individueller Freiheit. Um China zu einem starken Land zu machen, müssen auch die Frauen mündige Staatsbürger werden: Es entsteht eine Bildungsbewegung unter den Frauen der Oberschicht.

1902 Die Kaiserinwitwe Ci Xi erläßt ein Edikt, das das Füßebinden verbietet. Aber der Brauch ist in der Bevölkerung so tief verwurzelt, daß er sich nicht durch ein Gesetz abschaffen läßt.

1911 Die letzte chinesische Dynastie, die Qing-Dynastie, wird gestürzt. Die Republik China wird ausgerufen, Sun Yat-sen zu ihrem Präsidenten gewählt. Eine organisierte Frauenbewegung kämpft von nun an um das Frauenwahlrecht, um allgemeine Schulbildung für Mädchen und bürgerliche Rechte für alle Frauen.

1919   Am 4. Mai 1919 demonstrieren Studenten in Peking gegen die Kolonialmächte in China. Die erste kulturelle, intellektuelle Revolution Chinas bricht los. Eine Arbeiterbewegung entsteht. Viele Studentinnen beteiligen sich am politischen Geschehen.

1921   Die Kommunistische Partei Chinas wird gegründet. Unter ihrer Führung werden die Arbeiterinnen und Bäuerinnen in China organisiert. Die Frauenbewegung spaltet sich in einen reformerischen und einen revolutionären Flügel.

1924–1937 Zeit der »revolutionären Bürgerkriege« gegen Militärmachthaber in verschiedenen Teilen Chinas. Nationalisten und Kommunisten kämpfen teilweise miteinander, teilweise gegeneinander.

1937–1945 Acht Jahre dauert der Widerstand gegen Japan, das 1937 in China einen Krieg entfacht hat. Die revolutionäre Frauenbewegung verschmilzt mit dem Kampf um nationale Unabhängigkeit.

1945–1949 Japan ist besiegt, aber der Krieg zwischen Nationalisten unter Tschiang Kai-schek und Kommunisten unter Mao Tse-tung geht weiter. Die Nationalpartei erhält viel militärische Unterstützung aus den USA, aber die Kommunistische Partei wird von der chinesischen Bevölkerung, den Bauern und Arbeitern, unterstützt. Die Nationalisten werden besiegt und fliehen auf die Insel Taiwan.

1949   Die Volksrepublik China, unter der Führung des Parteivorsitzenden Mao Tse-tung, wird gegründet.

Karte der Volksrepublik China

苏联
Sowjetunion

新疆维吾尔自治区
Xinjiano

甘肃
Gansu

阿富汗
Afghanistan
巴基斯坦
Pakistan

青海
Singhai

印度
Indien

西藏自治区
Tibet

四川
Sichuan

尼泊尔
Nepal

不丹
Bhutan

云南
Yunn

缅甸
Burma

老挝
Laos

苏联
Sowjetunion

黑龙江
Heilongjiang

蒙古
Mongolei

吉林
Jilin

內蒙古自治区
Innere Mongolei

辽宁
Lieoning

朝鲜
Korea

河北 Hebei
Peking

山西
Shenxi

山东
Shandong

回族
gxia
治区

Yenan

陕西
Shanxi

河南
Henan

日本
Japan

Xian

江苏
Jiangsu

Shanghai

湖北
Hubei

安徽
Anwei

浙江
Zhejiang

Shaoxing

贵州
Guizhou

湖南
Hunan

江西
Jiangxi

福建
Fujian

台湾
Taiwan

广西僮族
Guangxi
自治区

广东
Guangdong

越南
Vietnam

Mädchen und Frauen
im Neuen China
oder
Wie sie leben, lernen und arbeiten

Mädchen in der Peking-Universität

Wang Huirong, 15 Jahre
»Wir wohnen zwischen Kiefern und
Reisfeldern«

Wang Huirong ist fünfzehn Jahre alt. Sie lebt mit
ihrer Familie in der Volkskommune Zaijiagang in der
Nähe von Xian, einer Stadt in Nordchina. Achtzig
Prozent der Bevölkerung leben so wie Wang Huirong auf dem Land. Die Bauern verdienen seit der
Landwirtschaftsreform Ende der siebziger Jahre
mehr als früher, aber der Lebensstandard ist noch
niedrig. In manchen entlegenen Landstrichen sind
hin und wieder Nahrungsmittel knapp; Wasser holt
man meistens aus dem Brunnen, Strom gibt es in den
Dörfern auch noch nicht so lange. Aber immerhin
kennt man auf dem Land keinen Platzmangel wie in
der Stadt. Die Bauern haben verhältnismäßig große
Wohnungen und einen Garten.
Wir hocken gemütlich im Schneidersitz auf dem
»Kang«, dem großen Ofenbett. Wang Huirong hat
lustige kurze Zöpfe. Sie sind mit roten Schleifen
zusammengebunden. Sie trägt eine dunkelblaue
Hose und über ihrer weißen Bluse einen buntkarier-
ten Kittel. »Sonst habe ich diese Sachen nicht an«,
sagt sie. »Ich trage sie nur, wenn Besuch kommt.«
Ab und zu gießt sie heißes Wasser in unsere Porzel-
lantassen, in denen Teeblätter schwimmen. Ihre
Großmutter hantiert nebenan in der Küche mit Töp-
fen. Das Geklapper hört man durch den roten Vor-
hang, der die beiden Räume voneinander trennt. Die

»Kleine Wang«, wie sie genannt wird, erzählt uns über ihre Familie.

»Wir sind acht Personen. Mein Großvater ist schon steinalt, sechsundachzig Jahre, er hat ziemlich schlimmes Rheuma. Das habe er aus der alten Gesellschaft, sagt er. Er war damals Knecht bei einem Großgrundbesitzer, der ihn sehr schlecht behandelte. Mein Großvater sagt, er habe sich das Rheuma beim Reispflanzen geholt. Damals mußte er tagelang im Wasser stehen, und hinterher hatte er nichts Warmes anzuziehen. Heute kümmert er sich um unsere Schweine und Hühner. Er muß die Tiere füttern, Ställe ausmisten und so weiter. Wenn die Schweine fett genug sind, verkauft er sie. Großvater steht meistens schon vor sechs Uhr auf.
Meine Großmutter ist etwas jünger, sie ist neunundsechzig. Sie steht immer mit Großvater zusammen auf. Das sind die beiden von früher her so gewohnt. Sie wurden in der alten Gesellschaft verheiratet. Sie kannten sich vor der Hochzeit überhaupt nicht. Mein Großvater war zufrieden, als er hörte, daß meine Großmutter sehr schöne kleine Füße hat und siebzehn Jahre jünger ist als er. Er konnte erst so spät heiraten, weil er ein armer Knecht war und kein Geld hatte, sich eine Frau zu kaufen. Er war schon über dreißig, als er endlich etwas Geld und Getreide gespart hatte. Er wollte unbedingt eine junge Frau haben, damit sie noch Kinder kriegen konnte. Das hat dann ja auch geklappt. Meine Großmutter arbeitet heute nicht mehr auf dem Feld. Weil sie so kleine Füße hat, fällt es ihr schwer, lange zu stehen. Sie kümmert sich hauptsächlich um das Wäschewaschen und Essenkochen. Außerdem paßt sie auf meine kleine Schwester auf, die erst fünf ist und noch in den Kindergarten geht. Meine Großeltern erzählen oft vom Leben in der alten Gesellschaft. Meine Großmutter muß dann immer noch weinen.

Mein Vater wird dann ganz ungeduldig und sagt, daß doch jetzt alles viel besser ist und daß sie nicht mehr weinen soll. Er findet, wir sollen lieber an die Zukunft denken als immer an die Vergangenheit. Dabei ist mein Vater auch noch in der alten Gesellschaft aufgewachsen. Er ist jetzt dreiundfünfzig und hat kurz nach der Befreiung geheiratet. Da konnte er sich seine Frau schon selbst aussuchen. Meine Eltern kannten sich von Kindheit an, sie waren Nachbarskinder. Mein Vater ist Traktorfahrer. Den Traktor hat er mit geliehenem Geld gekauft und erledigt jetzt Ernte- oder Transportfahrten für andere, die noch keinen Traktor haben. Vater ist immer sehr beschäftigt, aber er meint, er könnte noch mehr Aufträge gebrauchen. Er muß den Traktor auch instandhalten. Der ist zwar noch neu, aber wenn was kaputtgeht, ist es sehr schwierig, Ersatzteile zu kriegen. Er hat oft Ärger damit.

Meine Mutter arbeitet tagsüber auf unserem Feld. Manchmal tut ihr abends der Rücken weh vom vielen Bücken. Und besonders in der Ernte- und Saatzeit ist sie zu Hause kaum zu sehen. Abends muß sie oft noch auf Versammlungen. Sie ist in unserem Dorf verantwortlich für Frauenfragen. Sie muß Frauen besuchen, die ein Kind kriegen, die krank sind, oder sie geht zu Ehepaaren, die sich streiten. Neulich, da hat ein Mann seine Frau geschlagen. Das darf man bei uns nicht mehr, und wenn das rauskommt, wird der Mann kritisiert. Wenn er sich nicht bessert, wird er bestraft, und wenn er sich dann immer noch nicht ändert, muß er manchmal von zu Hause ausziehen und in ein Wohnheim ziehen. Aber das kommt selten vor. Meine Mutter hat dafür gesorgt, daß der Mann seine Frau nicht mehr prügelt. Er ist jedenfalls eine ganze Woche nicht mehr auf Versammlungen gekommen, weil er sich so geschämt hat.

Meine Mutter ist sehr froh, daß Großmutter ihr den größten Teil der Hausarbeit abnimmt. Das würde meine Mutter gar nicht alles schaffen. Ich finde manchmal, daß

Alte Frau an einer Kochstelle vor dem Hause in einer Kleinstadt

sie ein bißchen wenig Zeit für uns hat. Aber beim Frühlingsfest* ist es richtig schön in der Familie. Da machen
wir alle zusammen Ravioli, was ziemlich mühsam ist. Wir
sitzen dann alle hier auf dem großen Ofenbett, rollen den
Teig aus und bereiten die Gemüsefüllung vor. Manchmal
kommt auch Schweinefleisch mit hinein, aber dann
schimpft mein Großvater. Er war früher ein strengggläubi-
ger Moslem und ißt immer noch kein Schweinefleisch.
Wir wohnen alle in einem Haus. Wir haben zwei Zimmer
und eine Küche. Beide Zimmer haben ein großes Ofenbett. Ofenbett heißt es, weil es vom Küchenherd aus
durch den Rauchabzug von unten her beheizt werden
kann. Im Winter ist das sehr angenehm. Im Sommer
fangen wir an zu schwitzen, wenn Großmutter morgens
um sechs den Maisbrei für das Frühstück kocht. Meistens stehen wir dann sehr schnell auf. In dem größeren
Zimmer schlafen meine Großeltern, mein älterer Bruder
und ich. Wir schlafen alle auf dem großen Bett, da ist
Platz genug. Nur mein Bruder sagt immer, er könne da
nicht schlafen, weil mein Großvater schnarcht.
Mein Bruder kommt sehr spät nach Hause, er arbeitet in
der Maschinenfabrik im Nachbardorf. Vater will, daß er
später auch Traktorfahrer wird. Er würde dann noch
einen Trecker anschaffen und dann könnten sie viel
Geld verdienen. Mein Bruder ist jetzt einundzwanzig
Jahre alt und hat sich in ein Mädchen verliebt, das ein
paar Häuser weiter wohnt. Die heiraten sich später mal,
wenn das Mädchen alt genug ist. Das Problem ist nur,
daß ihre Eltern ganz schön viel Geld als Brautpreis
fordern, außerdem noch Möbel. Weiß nicht, ob meine
Eltern sich das leisten können. Ich sag' immer, dann
müssen die beiden eben weglaufen – das haben schon
viele so gemacht.

* Frühlingsfest: traditionelles chinesisches Neujahrsfest, das
nach dem Bauernkalender den Auftakt der landwirtschaftlichen
Arbeiten darstellt.

In dem anderen Zimmer schlafen meine Eltern, mein kleiner Bruder und meine kleine Schwester. Mein kleiner Bruder – wir nennen ihn Didi – ist elf und geht in die Volksschule. Meine kleine Schwester – sie wird Meimei genannt – ist erst fünf. Als sie auf die Welt kam, gab's richtigen Krach mit den Leuten vom Familienplanungsbüro. Eigentlich sollen wir nicht soviele Kinder haben, aber mein Vater sagt, ohne Kinder lohnt sich das Arbeiten nicht.

Ich gehe ja jetzt schon in die Mittelschule. Als ich die Volksschule hinter mir hatte, gab es in der Volkskommune noch keine Mittelschule. Aber ein Jahr später gab es bei uns auch eine, und dann bin ich wieder zur Schule gegangen, obwohl mein Großvater sagte, das sei nichts für mich, ich sollte mal lieber arbeiten lernen, dann könnten sie mich auch besser verheiraten. Dabei würde ich so gerne Lehrerin hier im Dorf werden, aber dafür muß ich in der Schule gut sein. Mein Vater sagt immer, man muß es zu schätzen wissen, wenn man was lernen darf. Er ist ja früher überhaupt nicht zur Schule gegangen, weil er arbeiten mußte. Meine Eltern haben beide erst nach der Befreiung lesen und schreiben gelernt.

Ich stehe jeden Morgen so um halb sieben auf, fege zuerst unseren Hof und hole dann frisches Wasser aus dem Brunnen vor dem Haus. Diese Arbeit ist für meine Großmutter zu schwer. Meine Eltern und mein großer Bruder sind dann schon aus dem Haus und kommen gegen sieben zum Frühstück wieder. Es gibt morgens bei uns immer Maisbrei mit eingelegtem Salzgemüse, manchmal auch gedämpfte Hefebrötchen. Wenn vom Tag vorher noch Reis übriggeblieben ist, kocht meine Großmutter morgens Reissuppe. Bevor ich zur Schule muß, wasche ich meistens noch die Schüsseln vom Frühstück ab. Das Abwaschwasser schütte ich dann in den Trog zum Schweinefutter. Wasser ist zur Zeit sehr kostbar, weil schon seit einigen Monaten Trockenheit herrscht.

Zur Schule habe ich es nicht weit, nur zwanzig Minuten zu Fuß. Der Unterricht fängt um acht mit Morgengymnastik an. Dann kommt je eine Stunde Mathematik, Chinesisch, Geographie und Geschichte. Nachmittags haben wir noch je eine Stunde Sport und Singen. Im Chinesisch-Unterricht üben wir, die Zeichen zu schreiben, manchmal auch richtig mit dem Pinsel. Meine Zettel mit den Zeichen nehme ich immer mit nach Hause. Ich male dann daneben, was sie bedeuten, zum Beispiel ›Pferd‹ oder ›Wasser‹ oder ›Getreide‹, und hänge die Zettel an verschiedenen Stellen im Haus auf. So lernen meine Großeltern auch noch ein paar Zeichen. Mein Großvater sagt zwar immer, er wolle das gar nicht mehr lernen, er wäre ja sowieso schon viel zu alt, aber in Wirklichkeit lernt er wie ein Verrückter, weil er meine Großmutter überrunden will. Die nimmt das nämlich sehr ernst, und Großvater kann es nicht leiden, wenn sie abends mehr weiß als er. Abends frage ich sie immer ab.

Mittagessen gibt's in der Schule. Wir haben eine Kantine. Eine Mahlzeit kostet etwa 30 Fen (= 15 Pfennig). Manchmal nehme ich mir noch eine Mohrrübe aus unserem eigenen Garten mit. Nach der Schule – so um vier Uhr nachmittags – hole ich meine kleine Schwester aus dem Kindergarten. Zu Hause helfe ich meiner Großmutter beim Abendbrotkochen und Saubermachen. Das Saubermachen geht schnell, weil in unserem Haus ein Lehmfußboden ist, den man nur einmal am Tag auszufegen braucht. Unser Haus ist sehr alt, die Fenster sind schön geschnitzt. Sie haben kein Glas, sondern sind mit dünnem Reispapier bespannt. Glas ist sehr teuer, und wenn es kaputtgeht, dann kriegt man nur schwer neues. Reispapier dagegen ist praktisch und billig. Allerdings geht es leicht kaputt, wenn einer zu heftig dagegen stößt. Meistens beklebe ich es dann schnell wieder neu.

Die Wände in unserem Haus sind auch aus Lehm, aber weiß getüncht. Eigentlich wollte mein Vater letztes Jahr die Wände mit Papier tapezieren, aber meine Mutter meinte, wir sollten das Geld lieber für eine Nähmaschine sparen. Dann könnten sie und Großmutter die Kleider für die Familie selber nähen, und das wäre billiger. Mein Vater war einverstanden.

Normalerweise müssen wir nicht so sparen, meine Eltern verdienen beide gut. Mein Großvater verdient mit den Schweinen auch noch ein bißchen, und mein Bruder verdient am meisten, weil er so viele Überstunden macht, etwa 120 Yuan monatlich (= 60,– DM). Aber jetzt wird gespart, weil mein Bruder in den nächsten zwei oder drei Jahren heiraten wird. Das wird sehr teuer.

Mir ist das alles ziemlich egal, solange ich ab und zu mal eine neue Schleife für meine Zöpfe kriege. Im Moment finden ich und meine Freundin richtige Seidenschleifen so schön. Kleider sind mir nicht so wichtig. Ich ziehe doch bloß Hosen an, und es reicht mir, wenn ich ein paar Blusen zum Drüberziehen habe. Um den Hals binde ich mir jeden Tag ein rotes Tuch. Ich bin nämlich bei den jungen Pionieren. Wir haben oft Versammlungen. Dort besprechen wir, wie wir uns in den Ferien an der Feldarbeit beteiligen können oder wie wir am besten den alten alleinstehenden Leuten hier im Dorf helfen. Wir holen immer Brennholz und kochen für sie. Einmal in der Woche lesen wir die Werke von Mao. Zur Zeit sind wir gerade bei dem Stück ›Yu Gong versetzt Berge‹. Darin geht es um einen alten Mann, der den Berg vor seiner Haustür abtragen will, damit er einen besseren Ausblick hat. Alle sagen, das schafft er doch nie. Aber der alte Mann sagt, wenn ich es nicht schaffe, schaffen es meine Söhne, und wenn die es nicht schaffen, dann meine Enkelkinder und so weiter. Das bedeutet, daß man nichts für unmöglich halten soll, auch wenn man selber nur einen kleinen Beitrag leisten kann. Die Geschichte ist schön. Ich finde auch, daß wir inzwischen in China sehr viel erreicht haben. Und in Zukunft wird es immer besser werden.

Wenn ich abends keine Versammlungen habe, gehe ich

›Großmutter und Enkelin studieren gemeinsam.‹
Holzschnitt von Hu Wangwei.

oft mit meiner Freundin in den Gemeinschaftsraum am
Dorfplatz. Da steht ein Fernseher, und wenn wir früh
genug hinkommen, kriegen wir noch weiter vorn einen
Platz. Am liebsten sehe ich Spielfilme über die Revolution. Die sind immer sehr spannend, und ich lerne dabei
auch was über unsere Geschichte. Manchmal gibt es auf
dem Dorfplatz im Freien einen Film zu sehen. So einmal
im Monat kommt eine Filmvorführgruppe, die von Ort zu
Ort zieht. An dem Abend sind alle Leute auf den Beinen.
Selbst meine Großmutter läßt sich keinen Kinofilm entgehen, obwohl sie sonst abends immer Radio hört. Das
ist nämlich ihre Lieblingsbeschäftigung. Wir haben das
Radio erst seit einem halben Jahr. Ich hätte lieber gehabt, wenn wir uns ein drittes Fahrrad angeschafft hät-

ten, damit ich auch mal mit dem Rad rumfahren kann. Aber meine Eltern waren für das Radio.

Den letzten Film haben wir verpaßt, weil mein kleiner Bruder plötzlich krank wurde. Er hatte furchtbares Bauchweh. Die Sanitäterin, die für unser Dorf zuständig ist, ist gleich gekommen. Sie wohnt nur drei Häuser weiter. Sie sagte, es wäre eine Blinddarmentzündung und Didi müßte ins Krankenhaus. Mein großer Bruder hat ihn auf einen Handkarren gelegt, den er an sein Fahrrad gehängt hat und ist mit ihm – so schnell er konnte – ins Kommunekrankenhaus geradelt. Das dauert mit dem Fahrrad eine gute halbe Stunde. Im Krankenhaus haben sie ihn dann gleich operiert. Meine Eltern mußten nur die Medikamente bezahlen, alles andere ist bei uns kostenlos. Für die leichteren Fälle haben wir im Dorf eine kleine Krankenstation. Man braucht nur 30 Fen (= 15 Pfennig) Registriergebühr zu bezahlen. Wenn man lange Zeit im Krankenhaus liegt, muß man die Hälfte der Behandlungskosten bezahlen, aber wenn es sehr teuer wird, hilft die Gemeinde aus. Wir haben keine Angst, krank zu werden, nur meine Großmutter fürchtet sich davor. Sie denkt immer daran, wie das früher war. Ihr sind zwei Kinder gestorben, weil sie keine Medikamente kriegen konnte. Sie hält das für ein richtiges Wunder, daß man den Kranken jetzt helfen kann und kaum noch einer stirbt. Aber trotzdem hat sie Angst, krank zu werden.

Großmutter rechnet ständig unser Geld nach, ob es auch für alles reicht. Dabei kriegen wir, wenn wir unser Gemüse auf dem Markt verkaufen, soviel Geld, daß wir davon Reis für das ganze Jahr kaufen können. Sonst brauchen wir ja nicht viele Lebensmittel, Fleisch haben wir auch selber. Nur Zucker, Salz und Öl müssen wir noch kaufen, und natürlich auch mal Mehl, oder Schnaps. Körbe, Besen und Bastmatten machen wir selber. Nur Kleidung müssen wir ab und zu kaufen und meine Schulhefte und Bleistifte. Tabak baut mein Großvater im Garten an. Die Männer in unserer Familie rauchen alle sehr viel. Meine Großmutter raucht auch ab und zu eine Pfeife. Jüngere Frauen rauchen nicht. Das ist nicht Sitte bei uns, daß Frauen rauchen. Ach ja, Tee müssen wir auch kaufen. Aber wir trinken nur bei besonderen Gelegenheiten Tee, sonst trinken wir heißes Wasser. Das löscht den Durst und ist gut gegen Erkältungen.

Wenn wir meiner Großmutter die Ausgaben und Einnahmen unserer Familie vorgerechnet haben, dann ist sie wieder eine Weile beruhigt. Wir haben jetzt sogar einen Vorrat von zweihundert Kilogramm Getreide. Der steht in der Küche in einer großen Tonne unter dem Regal.

Wir wohnen nur siebzig Kilometer von der Stadt entfernt, aber ich bin noch nie dagewesen: Ich möchte schon mein ganzes Leben auf dem Land verbringen. Ich finde das gut, weil wir hier viel Platz haben und immer frisches Gemüse. Aber einmal in die Stadt zu kommen, nur so zum Gucken, das wär mein größter Wunsch.«

Pu Meihua, 17 Jahre
»Zum Supermarkt sind es nur zwei Minuten«

Pu Meihua ist ein typisches Stadtmädchen. Sie ist 17 Jahre alt und lebt in Shanghai. Alles an ihr ist ein bißchen schicker als bei den Mädchen, die wir auf dem Lande kennenlernten: Die blauen Nylonsocken mit dem kleinen Muster, die beige Baumwollhose, das blaue Jackett und die hellbraune Bluse mit blauen Blümchen sind sorgfältig aufeinander abgestimmt. Ihre beiden langen Zöpfe hat sie im Nacken zu einem kleinen Nest zusammengesteckt. Auf dem linken Revers ihrer Jacke trägt sie eine längliche Nadel mit dem Namen ihrer Schule.
In den Städten ist der Lebensstandard höher als auf dem Lande, aber dafür sind die Wohnungen sehr klein. Jeder chinesische Stadtbewohner hat im Durchschnitt nur 4 m² Wohnraum zur Verfügung. Die Ausgaben für Miete, Strom und Wasser sind sehr niedrig, aber Lebensmittel sind in den letzten Jahren viel teurer geworden. Die Löhne sind zwar auch gestiegen, doch wer ein Fahrrad kaufen will, muß immer noch zwei Monatsgehälter sparen. Es gibt heute in Chinas Städten praktisch alles zu kaufen. Einige Dinge wie Fahrräder, Kühlschränke oder Waschmaschinen sind allerdings sehr teuer. Pu Meihua sitzt am Holztisch im Zimmer ihrer Eltern, sie bietet uns Erdnüsse und Melonenscheiben an. Sie erzählt schnell und lebhaft. Wenn sie redet, blitzt eine neue Armbanduhr am Handgelenk unter ihrem Jackenärmel hervor.

»Ich gehe in die letzte Klasse der Mittelschule Nummer Drei in Shanghai. Ich wohne bei meinen Eltern, Geschwister habe ich nicht. Manchmal hätte ich schon gern eine Schwester oder einen Bruder, aber wir haben nur eine kleine Wohnung mit eineinhalb Zimmern. Da ist kein Platz für ein weiteres Kind. Außerdem sind meine Eltern berufstätig und haben nach meiner Geburt beschlossen, daß sie nur ein Kind haben wollen, weil ihnen die Arbeit sehr wichtig ist. Heute dürfen Ehepaare ja sowieso nur noch ein Kind bekommen. Mein Vater hat sich sterilisieren lassen. Er ist jetzt sechsundvierzig Jahre alt und arbeitet als Englisch-Übersetzer in einem Verlag. In der Hochsaison reist er oft in die Hauptstadt, weil er manchmal auch als Dolmetscher für Reisegruppen arbeitet. Wenn er weg ist, haben meine Mutter und ich die Wohnung für uns allein. Ich finde das schön.

Meine Mutter ist Parteimitglied und seit einigen Jahren Funktionärin in einer Textilfabrik. Das heißt, sie leitet dort Parteiversammlungen, schreibt jede Woche einige politische Aufsätze für die Wandzeitungen der Fabrik und kümmert sich überhaupt um die politische Arbeit dort. Wenn was mit der Produktion nicht stimmt, muß sie herausfinden, woran das liegt, ob die Arbeiterinnen zum Beispiel Probleme haben, weil nicht genug Kindergartenplätze vorhanden sind. Meine Mutter war früher selbst Arbeiterin in dieser Fabrik. Sie ist mehrere Male zur ›Vorbildlichen Arbeiterin‹ gewählt worden, weil sie gut und schnell gearbeitet und anderen geholfen hat. Da sie sehr beliebt ist in der Fabrik, ist sie dann auch Funktionärin geworden. Sie verdient jetzt etwas mehr Geld als früher, 280 Yuan (= 140,– DM) im Monat.

Weil meine Mutter sich um alles kümmert und ihre Arbeit sehr ernst nimmt, hat sie mich mit drei Jahren zu meinen Großeltern aufs Land geschickt. Vorher bin ich in der Kinderkrippe gewesen. Meine Eltern meinten, auf dem Land hätte ich es besser. Die Großeltern hatten ja auch mehr Zeit für mich. Als ich dann aber in die Mittelschule gehen sollte – ich war damals zwölf –, haben mich meine Eltern in die Stadt geholt, weil es in dem Dorf meiner Großeltern noch keine Mittelschule gab. Ich bin froh, daß ich wieder in der Stadt bin. Hier hat man viel mehr Möglichkeiten, was zu lernen. Die meiste Zeit verbringe ich hinter Büchern. In ein paar Monaten mache ich meinen Mittelschulabschluß. Deshalb finde ich es auch gut, daß mein Vater ab und zu nicht da ist. Dann habe ich ein Zimmer für mich alleine, wo ich ungestört lernen kann. Ich möchte später auf die Universität, aber ich weiß noch nicht, ob ich das schaffe. Die Aufnahmeprüfungen sind nicht so einfach, und es werden jedes Jahr nur wenige aufgenommen. Am liebsten würde ich Philosophie studieren, das interessiert mich sehr, oder Sprachen.

In dem einen Zimmer stehen das Bett meiner Eltern und ein paar Sessel und der Eßtisch, in dem anderen, kleinen Zimmer mein Bett und unser Fernseher und eine große Kommode. Abends sehen wir oft fern, und dann kommen manchmal die Kinder aus der Nachbarschaft, deren Eltern noch keinen Fernseher haben. Dieses kleine Zimmer habe ich ein bißchen nach meinem Geschmack eingerichtet. An die eine Wand habe ich ein Poster gehängt, auf dem nationale Minderheiten in ihren traditionellen Kleidern abgebildet sind. Die kleine seidene Puppe, die daneben hängt, hat mein Vater mir aus Peking mitgebracht. Den großen Kalender an der anderen Wand, mit den Landschaftsbildern aus Europa, hat mein Vater von einer Reisegruppe geschenkt bekommen. Ich interessiere mich sehr fürs Ausland, wenn ich auch noch nicht viel darüber weiß und manches auch nicht gut finde. Ich habe gehört, daß die Mädchen in Europa oft schon sehr früh heiraten. Das finde ich nicht richtig. Man sollte unbedingt erst seine Berufsausbildung fertig machen. Im Fernsehen sehen wir jetzt manchmal Sendungen über andere Länder, und in der

Typische Neubausiedlung in Shanghai

Schule besprechen wir das dann. Wir müssen noch viel vom Ausland lernen.

Meine Eltern haben sich schon oft bemüht, eine größere Wohnung zu bekommen, aber das ist schwierig. In der Stadt sind die Wohnungen knapp. Andererseits bezahlen wir auch wenig Miete: Mit Strom und Wasser zusammen 10 Yuan im Monat (= 5,– DM). Meine Eltern verdienen zusammen 190 Yuan (= 95,– DM) im Monat. Wir kommen gut mit dem Geld aus. Jeden Monat stellen wir eine Liste mit den Ausgaben auf. Ein bißchen wird immer für meine Ausbildung gespart.

Die fünf großen Anschaffungen haben wir schon: Jeder in unserer Familie hat eine Armbanduhr und ein Fahrrad, und meine Mutter hat eine gebrauchte Nähmaschine gekauft. Radio und Fernseher haben wir auch. Jetzt sparen wir, damit wir die Verwandten meiner Mutter im Nordosten besuchen können. Sonst haben wir keine Ausgaben. Die Krankenversorgung für meine Eltern ist umsonst, und für mich müssen sie nur die Hälfte der Kosten tragen.

Das Haus, in dem wir wohnen, teilen wir mit drei anderen Familien. Wir haben keine eigene Küche. Gekocht wird auf dem Gang, auf einem zweiflammigen Gasofen. Wir müssen mit den anderen Familien immer absprechen, wer wann kochen will. Und es gibt auch nur einen Wasserhahn auf dem Gang. Aber immerhin haben wir fließendes Wasser. Auf dem Land bei meinen Großeltern holten wir das Wasser immer noch mit einer Pumpe aus dem Brunnen. Meine Eltern wollen das kleine Zimmer später, wenn ich aus dem Haus gehe, in so eine Art Arbeitszimmer mit Kochnische umbauen.

Wenn ich meinen Schulabschluß gemacht habe, werde ich erst mal zwei Jahre praktisch arbeiten, entweder auf dem Land oder in einer Fabrik. Ich würde lieber in eine Fabrik gehen, weil ich dann dort in einem Arbeiterinnenwohnheim mit anderen jungen Frauen zusammenwohnen kann. Eine Freundin von mir wohnt dort mit sieben anderen Arbeiterinnen in einem großen Zimmer, und da ist immer was los. Nach den zwei Jahren praktischer Arbeit will ich auf die Universität, was etwa vier Jahre dauert. Mein Hobby ist Häkeln und Stricken. Ich häkle sehr gerne kleine Deckchen. Überall hier in der Wohnung liegen diese Deckchen herum. Auch meine Pullover habe ich alle selbst gestrickt. Wenn ich mich mit meinen Freundinnen treffe, bringen wir immer alle irgend etwas zum Handarbeiten mit. Wir sitzen dann zusammen, stricken und unterhalten uns dabei über alles mögliche.

Wir interessieren uns alle sehr für Politik, und es gibt keine politische Bewegung, an der wir uns nicht beteiligen. Neulich gab es eine Hygiene-Kampagne im Stadtteil. Da wurde der Haushalt prämiert, der am saubersten war. Wir haben alle einen ganzen Nachmittag lang geputzt. Den Preis hat dann aber eine alte alleinstehende Frau bekommen, die ihr Zimmer immer sehr ordentlich hält, obwohl sie krank und schwach ist. Ich finde es wichtig, daß wir auch an solche Sachen denken. Früher war ja Sauberkeit in unserem Land ein großes Problem, aber heute haben wir keine Mäuse mehr in unserem Stadtviertel und keine ansteckenden Krankheiten. Darauf muß man streng achten, gerade in der Stadt, wo so viele Leute auf engem Raum leben.

Ein anderes Hobby von mir ist Malen. Ich setze mich oft in irgendeine Ecke in der Stadt, zum Beispiel an die Hafenpromenade, und male Sachen ab, die ich da sehe. Neulich habe ich einen großen Dampfer gezeichnet. Ich mache das nur so zum Spaß. Ich weiß, daß meine Begabung nicht ausreicht, um auf eine Kunstschule zu gehen.

Was mir am Leben in der Stadt gefällt? Daß alles in der Nähe ist. Um die Ecke haben wir ein Kino und ein Theater, und auch zum Supermarkt sind es nur zwei Minuten. Dort können wir alles kaufen, was wir an Lebensmitteln brauchen. Und das Angebot in den Warenhäusern ist eben auch viel größer als auf dem Land. Als ich mir neulich eine neue Bluse kaufen wollte, habe ich drei Stunden dafür gebraucht, weil ich in alle großen Geschäfte in der Nähe gegangen bin. Ich konnte mich nur schwer entscheiden. Ich habe mir schließlich von meinem Taschengeld eine hellgelbe Bluse gekauft, für 8 Yuan 50 (= 4,25 DM). Aber bis jetzt habe ich mich noch gar nicht getraut, sie in der Schule anzuziehen, weil sie so knallig ist. Meine Mutter sagt, ich hätte mir lieber eine selber nähen sollen, das wäre billiger gewesen.

Unser Familienleben finde ich eigentlich ganz gut. Ich bin zwar viel allein, aber wenn meine Eltern da sind, verstehen wir uns sehr gut. Für die Zukunft wünsche ich mir natürlich, daß ich mit meinem Mann und meinem Kind mal in einer etwas moderneren Wohnung lebe. Mir gefallen die Hochhäuser am Stadtrand. Da hat jede Familie eine eigene Küche und ein eigenes Klo. Und die Häuser haben jetzt auch einen Duschraum. In unserer Wohnung ist es doch reichlich eng, und wir müssen eben alles mit anderen Familien teilen.

Ich möchte später auch nur ein Kind haben, denn dann ist es leichter, einen besseren Lebensstandard zu halten. Zwei Kinder kosten eben doppelt soviel. Und ich finde es gut, daß meine Mutter ihre Arbeit so ernst nimmt. Das werde ich später bestimmt auch tun.«

»Jadeperle« und »Großer Mut«

»Chinesische Namen kann man sich nicht merken«, heißt es oft. »Man weiß nie, wo vorne und wo hinten ist.« Dabei ist es ganz einfach.

Gewöhnlich bestehen die Namen der Chinesen aus drei Schriftzeichen. Das erste gibt den Familiennamen an, die beiden letzten den Vornamen. Bei der Anrede spricht man sich mit dem Familiennamen an. Frau Wang Yaozhong heißt also Frau Wang oder Genossin Wang oder auch Alte Wang, was in China eine sehr ehrerbietige Anrede ist. In ihrer Familie wird sie mit ihrem Vornamen gerufen, Yaozhong. Wenn sie noch zu Hause bei den Eltern und Geschwistern wohnt, nennt man sie vielleicht auch nach der Stellung, die sie innerhalb der Familie hat, zum Beispiel »Zweite Schwester«, wenn sie die zweitälteste Schwester ist. Wenn sie heiratet, wird sie ihren eigenen Familiennamen behalten, sie heißt weiterhin Frau Wang. Ihr Mann heißt vielleicht Herr Meng. Man kann an ihren Namen also nicht erkennen, daß die beiden verheiratet sind.

Wenn Frau Wang und Herr Meng Kinder bekommen, erhalten diese in der Regel den Nachnamen des Vaters. Mütter und Kinder haben also meistens einen unterschiedlichen Nachnamen. Die Vornamen, die die Eltern ihren Kindern geben, drücken oft ihre Hoffnungen aus. Früher, im Alten China, hießen Söhne oft »Changsheng«, Langes Leben, oder »Guoxiang«, Premierminister, oder auch »Jiafu«, Reiche Familie. Die Mädchen benannte man meist nach Schönem oder Wertvollem, so wie »Qiong-

hua«, Prachtvolle Blume, oder »Yuzhu«, Jadeperle. Heute, im Neuen China, haben die Vornamen oft andere Bedeutungen. Viele, die 1949, im Jahr der Befreiung, geboren wurden, heißen »Jianguo«, Das-Land-Aufbauen, oder »Guangming«, Glanz. Vornamen wie »Dayong«, Großer Mut, und »Zhijian«, Starker Wille, sind heute weit verbreitet, aber auch einfach schönklingende Wortverbindungen wie »Shanshui«, Berg-und-Wasser, oder »Huili«, Weise-und-begabt.

»Man muß die Interessen der Jugend, der Frauen und der Kinder schützen, den ihrer Ausbildungsmöglichkeiten beraubten Jugendlichen Hilfe erweisen, den Jugendlichen und Frauen helfen, sich zu organisieren, damit sie gleichberechtigt an allen Tätigkeiten teilnehmen können, die für den sozialen Fortschritt von Nutzen sind. Man muß die Freiheit der Eheschließung sowie die Gleichberechtigung zwischen Mann und Frau gewährleisten und den Jugendlichen und Kindern eine nützliche Bildung ermöglichen.«

Mao Tse-tung

Grundschulklasse

Der Weg durch die Schulen, zum Beruf ... und zurück

Eine gute Ausbildung ist für chinesische Mädchen ein kostbarer Besitz, gerade weil er nicht selbstverständlich ist. Die Mädchen, die in der Großstadt aufwachsen, haben es leichter; hier gibt es genügend Schulen, so daß alle die fünfjährige Grundschule durchlaufen. In China besteht, wie bei uns, Schulpflicht, aber besonders entlegenen Gebieten fehlt es manchmal an Schulen und Lehrern. Auf dem Land braucht eine Familie die Arbeitskraft der Mädchen schon in jungen Jahren, bevor sie dann als Schwiegertöchter für die Familie des Ehemannes arbeiten müssen. Ein oder zwei Jahre Schule reichen für ihre Töchter, meinen deshalb viele Eltern. Außerdem gibt es immer noch das Vorurteil, daß junge Frauen, die zuviel gelernt haben, wählerischer sind, wenn ein Ehemann für sie gesucht wird ...

Nach der Grundschule können die chinesischen Kinder auf die Mittelschule gehen; zuerst auf die Untere Mittelschule, die drei Jahre dauert. Wenn die Noten gut genug sind und eine Schule in erreichbarer Nähe ist, folgt die zweijährige Obere Mittelschule. Dort sind die Plätze sehr knapp, so daß schon in den ersten Mittelschuljahren ein enormer Leistungsdruck auf den Schülern und Schülerinnen lastet, wenn sie oder ihre Eltern den weiteren Schulbesuch wünschen.

Wer den Abschluß der Oberen Mittelschule mit »sehr gut« geschafft hat und studieren möchte, muß sich auf dem Weg zur Hochschule durch ein beson-

deres Nadelöhr zwängen: die schwierige Aufnahmeprüfung steht bevor. Die erreichte Punktzahl ent-
scheidet darüber, in welche Hochschule man geschickt wird. So entstehen Eliteuniversitäten und
solche, die keinen besonders guten Ruf haben.

Nur ein Drittel der Studenten ist weiblich. Eine
junge Frau, die ihre Universitätsausbildung beendet,
hat es immer noch nicht ganz geschafft. Denn die
Arbeitsplatzsuche ist für sie viel schwieriger als für
einen männlichen Kollegen, selbst wenn sie bessere
Noten vorweisen kann. Obgleich in China großer
Mangel an gut ausgebildeten Fachkräften herrscht,
diskriminieren viele Arbeitgeber die Bewerberinnen.
Staatliche Stellen, die für die Vermittlung und Verteilung von Arbeitsplätzen zuständig sind, klagen darüber, daß Frauen häufig vom Arbeitgeber nicht ak-
zeptiert werden. Diese führen dieselben windigen
Begründungen an, die auch hierzulande lange Zeit
gängig waren und unterschwellig weiterwirken:
Frauen werden Mutter und nehmen dann Urlaub.
Frauen setzen sich nicht so für den Beruf ein, weil sie
auch Familie haben, Frauen »leiden unter Stimmun-
gen« und so weiter.

Die Arbeitslosigkeit breitet sich auch in China aus.
Der Staat kann nicht mehr wie früher jedem einen
Arbeitsplatz garantieren. Unter den jugendlichen
Arbeitslosen sind Mädchen in der Überzahl. Wer
den Kampf gegen die Schwierigkeiten in Ausbildung
und Beruf nicht aufnehmen kann oder will, resigniert
und »wünscht« sich ein Leben als Hausfrau. Auch in
China, das in revolutionären Jahren den Frauen noch
»die Hälfte des Himmels« versprochen hat, führt der
Weg durch die Schulen und Universitäten manchmal

zum Kochtopf zurück. Sogar die chinesische Frauen-
presse empfiehlt zuweilen die alte Rollenteilung als
mögliches Lebensmodell und Ausweg aus dem Di-
lemma:

Aus der chinesischen Frauenzeitschrift ›Funü‹ (Die
Frau), April 1985

Eine hervorragende Modell-Ehefrau

Yang Hehua

*Sie heißt Li Yuqin, ist 42 Jahre alt und arbeitet im Büro
eines Unternehmens in Jinzhou. Sie ist die Frau des Com-
puteringenieurs Chen Donyuan.*
*Li Yuqin ist eine gute Mutter und erst recht eine gute
Hausfrau. Damit ihr Mann sich voll und ganz auf seine
Computerarbeit konzentrieren kann, bemüht sie sich, was
auch immer zu Hause und im Haushalt an Sorgen und
Problemen anfällt, allein zu regeln.*
*Als der Sohn Chen Yang zwei Jahre alt war, wurde er sehr
krank. Zu der Zeit war ihr Mann gerade bei der Konstruk-
tion des Computers No. 140 auf Schwierigkeiten gestoßen,
er machte Überstunden, aß und schlief im Büro. Einen Tag
und eine Nacht hatte das Kind hohes Fieber, es hatte schon
keine Kraft mehr zu weinen. Li Yuqin machte sich große
Sorgen und dachte daran, ihren Mann im Büro anzurufen,
damit er mal nach dem Kind schaute und einen Rat geben
könnte. Doch dann dachte sie an den Computer und
verwarf die Idee. Als die Krankheit ihres Sohnes einen
kritischen Punkt erreichte, ging sie mit ihm auf dem
Rücken zum Krankenhaus. Die klirrende Kälte der Win-
ternacht schmerzte in den Knochen, doch Li Yuqin war
schweißgebadet. Auf der Straße war kein Mensch mehr,
aber diese Frau, die sonst niemals gewagt hätte, nachts
allein aus dem Haus zu gehen, hatte alle Angst vergessen.
Im Krankenhaus stellte man fest, daß das Kind eine
Lungenentzündung hatte. Das Fieber blieb noch 3 bis 4
Tage sehr hoch und Li Yuqin wich nicht von der Seite ihres
Sohnes, ihren Mann behelligte sie damit nicht eine Se-
kunde.*

Li Yuqin hatte 1966 ihren Abschluß an der Hochschule für Finanzen und Ökonomie gemacht. Damit sie sich voll auf ihre Arbeit konzentrieren konnte, hatte sie erst mit 35 Jahren geheiratet. Das neue Leben brachte ein großes Problem mit sich, nämlich die Frage, wie kann ich gute Arbeit leisten und gleichzeitig das Familienleben harmonisch gestalten?

Im Alltag zeigte es sich dann, daß ihr Mann sie auf Händen trug und respektvoll behandelte, gleichzeitig aber voll in seiner Arbeit aufging. Das rührte Li Yuqin von Herzen und sie beschloß, seiner Computerarbeit Vorrang einzuräumen und ihn hundertprozentig zu unterstützen.

Übersetzung: A. K. Scheerer

Arbeiterinnen der Generatorenfabrik Nummer Fünf in Peking

Mädchen in einem Werkskindergarten

Mädchen bei einer Schießübung

Junge Pionierin

Sun Xiaonan, 17 Jahre
Hinauf auf die Berge, hinunter aufs Land

»Hinauf auf die Berge, hinunter aufs Land« war das Motto, unter dem ab Mitte der fünfziger Jahre eine Art Landverschickung in China durchgeführt wurde. Junge Leute mit Mittelschulbildung gingen aufs Land, um dort zu arbeiten und mit den Bauern zu leben. 17 Millionen Jugendliche folgten bis heute diesem Aufruf, viele mehr gezwungen als freiwillig, weil es in den Städten nicht genug Arbeit gibt. Doch ein großer Teil ging aus Überzeugung, aus »erzieherischen« Gründen: Sie wollten das harte Leben der Bauern kennenlernen und mithelfen, den Unterschied in Lebensstandard und Bildungsniveau zwischen Stadt und Land abzubauen.

Im Frühjahr 1977 sind wir als Studentinnen der Universität Peking für zwei Wochen zur Feldarbeit aufs Land gegangen. Praktische Arbeit auf dem Land und in Fabriken war damals ein Bestandteil des Studiums in China. Als wir in dem kleinen Dorf Beixiaoying, wo wir wohnten und arbeiteten, die siebzehnjährige Sun Xiaonan trafen, hatten wir schon selber erfahren, wie ungewohnt und anstrengend Feldarbeit für Städter ist.

Sun Xiaonan war bereits seit sechs Monaten auf dem Land, und eines Abends kam sie zusammen mit einer Freundin auf eine Tasse Tee vorbei. Ihr zierliches Gesicht war von der Sonne gebräunt, sie wirkte energisch, obwohl sie sehr klein und schmal ist.

»Ich komme aus Peking, nicht weit von hier. Dort habe ich vor ungefähr sieben Monaten den Mittelschulabschluß gemacht. Damals hatte ich zwei Möglichkeiten: Es gab schon die neue Regelung, daß man sich auch direkt nach der Mittelschule für einen Studienplatz melden darf, wenn man gut genug in der Schule war. Früher mußte ja jeder erst zwei Jahre arbeiten, bevor er auf die Uni gehen konnte. Da ich ziemlich gute Noten in der Schule hatte, hätte ich versuchen können, gleich an die Universität zu kommen. Aber da gab es diesen Aufruf an alle Jugendlichen in Peking, daß dringend Leute auf dem Land gebraucht wurden für die Erntearbeiten. Die Stadt Peking sollte einige tausend Jugendliche aufs Land schicken. Ich war eine Weile unschlüssig. Es war ja ungewiß, für wie lange man aufs Land gehen mußte. Es gibt Mittelschüler, die schon seit sechs, sieben Jahren auf dem Land leben. Ich hätte lieber, wenn es mit dem Studienplatz nicht gleich geklappt hätte, versucht, irgendwo eine Arbeit zu finden. Aber die Arbeitssituation in Peking ist schlecht. Vielen Jugendlichen kann keine Arbeit zugeteilt werden, weil einfach keine Arbeitsplätze vorhanden sind. Das hätte mir auch passieren können, und arbeitslos zu werden, war keine besonders lustige Aussicht.

Ich meldete mich also schließlich freiwillig für das Land. Zwei Jahre auf dem Land, dachte ich, das ist wirklich einigermaßen erträglich. Und außerdem sind meine beiden älteren Geschwister auch auf dem Land gewesen. Die sind vor mehreren Jahren, auch nach der Schule, in die Dörfer gegangen. Die Bewegung, daß Jugendliche aufs Land geschickt wurden, hatte damals gerade den Höhepunkt erreicht. Ich weiß noch, wie sie voller Enthusiasmus und Idealismus in die Busse stiegen, die sie in entlegene Gebiete brachten. Rote Fahnen hatten sie dabei und große Trommeln. Sie glaubten, daß Städter von den Bauern lernen müssen, daß sie durch körperliche Arbeit ihr Verhältnis zur Arbeit verändern können.

Studenten beim Straßenbau

Sie dachten auch, daß sie den Bauern ein bißchen von
ihrem Wissen vermitteln könnten – schließlich waren sie
ja Mittelschüler. Solche und ähnliche Gedanken habe
ich mir auch gemacht, als ich mich meldete, und eigentlich finde ich das noch immer richtig.
Es ging dann alles sehr schnell: Ich packte meine Sachen, meine Bettdecke, meine Waschschüssel, ein paar
Kleider, ein paar Bücher, und meinem Vater schwatzte
ich noch unser kleines Transistorradio ab. Ich glaube, er
wollte es eigentlich nicht gern hergeben, aber er war
traurig, daß ich aufs Land ging, und zu Besuch nach
Hause zu fahren, ist schwierig. Er wußte nicht, wann wir
uns wiedersehen würden.
In dieses Dorf kam ich mit vier anderen Mittelschülern,
die ich alle nicht kannte. Als ich in den Bus stieg, war mir
sehr schwer ums Herz. Ich bemühte mich, daran zu

denken, daß ich es für mein Land tue, wenn ich nun für längere Zeit Bäuerin werde. Ich tröstete mich auch noch mit romantischen Gedanken über das Landleben. Ich dachte an die Filme, in denen Bäuerinnen immer ein hübsches Kopftuch aufhaben und abends in ihre geräumigen Wohnhäuser zurückkehren. Aber ich wußte natürlich, daß ich nicht in einem Bauernhaus wohnen würde.

Wir waren einen Tag unterwegs, und dann hielt unser Bus mitten auf dem Dorfplatz. Die Einwohner hatten auf ihre Mittagsruhe verzichtet und einige große rote Spruchbänder zwischen die Telegraphenmasten gehängt. »Wir begrüßen die intellektuellen Jugendlichen aus Peking!« stand darauf. Ich war sehr gerührt. Die Kinder aus dem Kindergarten standen aufgereiht rechts und links neben dem Hauptweg, sie winkten mit Papierblumen, die sie selber gemacht hatten. Wir wurden zuerst von dem Parteisekretär des Dorfes begrüßt. Er erklärte uns die Verhältnisse im Dorf. Dann zeigte er uns, wo wir wohnen würden, in einem großen Backsteinhaus am Dorfausgang. Es ist ein Wohnheim nur für Jugendliche aus der Stadt. Es wurde von der ersten Generation Mittelschüler, die in dieses Dorf kam, gebaut. Das war damals ihre erste Aufgabe gewesen, dieses Haus für sich allein zu bauen und auch einen Garten anzulegen. Vorher wohnten sie einzeln in den Bauernfamilien.

Ich wohne dort mit drei anderen Mädchen zusammen in einem Zimmer. Eine von ihnen ist schon fast zwei Jahre hier, die andere kommt wie ich aus Peking, wir haben uns angefreundet. Die dritte kenne ich noch nicht näher, sie spricht fast nicht, weil sie großes Heimweh hat. In dem Wohnheim haben wir auch eine Küche und einen Gemeinschaftsraum. Wir kochen zusammen und halten das Haus gemeinsam sauber. Zuerst war ich ziemlich enttäuscht. Ich hätte lieber in einer Familie gewohnt. Aber nun habe ich mich dran gewöhnt und finde es auch ganz praktisch so.

Schon am zweiten Tag nach unserer Ankunft begannen wir mit der Arbeit. Es war, wie gesagt, Erntezeit, und jede Hand wurde gebraucht. Wir mußten auf den Weizenfeldern, die schon abgemäht waren, die Ähren zu großen Bündeln zusammenbinden und dann auf den Dreschplatz im Dorf tragen. Das klingt nicht besonders schwierig oder anstrengend, aber wir hatten unsere Mühe damit. Man muß das Getreide nämlich auf eine bestimmte Art mit ein paar Halmen zusammenbinden, damit es unterwegs nicht auseinanderfällt. Dabei wird man ganz schön zerkratzt, und es juckt einen überall. Aber wir haben uns nichts anmerken lassen. Wir wollten ja nicht gleich am ersten Tag als städtische ›Grünschnäbel‹ gelten. Am Abend waren wir dann total erledigt und rot gebrannt von der Sonne. Man erlaubte uns, gleich ins Bett zu gehen, obwohl eigentlich noch die Studiengruppe tagte. Aber ich glaube, wir wären auf den Bänken einfach eingeschlafen.

Allmählich gewöhnte ich mich an die Arbeit und hatte keine Zeit für Heimweh. Bald tauchten dann aber die ersten Probleme auf. Die Bauern verlangten von uns, daß wir für unsere Verpflegung selber sorgten, das heißt, daß wir den Garten um unser Wohnheim selber bepflanzen sollten, um davon leben zu können. Reis und Mehl sollten wir vom Dorf bekommen. Am Anfang gaben uns die Dorfbewohner natürlich noch alles, weil wir das Stückchen Land ja erst bebauen mußten. Aber als dann das Gemüse reif war – Sojabohnen, Rüben, Kohl und Tomaten hatten wir gepflanzt –, hörte das auf. Und weil uns einige Pflanzen eingegangen waren, hatten wir nicht viel zu essen. Wir hatten auch zwei Hühner gekauft, damit wir Eier hatten. Aber weil alles andere so knapp war, mußten wir die Eier verkaufen und mit dem Geld von den Bauern Lebensmittel kaufen.

Die Verpflegung ist bis heute ein Problem. Einerseits wollen wir den Bauern nicht auf der Tasche liegen und kaufen auch alles von unserem Lohn. Aber oft reicht das einfach nicht, und die Bauern müssen was zuschießen. Das ist ein Grund dafür, weshalb unser Verhältnis zu den Dorfbewohnern nicht immer gut ist. Andererseits finde ich, daß wir ziemlich viel arbeiten und ihnen bei der Ernte und bei anderen Dingen helfen. Doch unser Lohn ist sehr niedrig. Wir werden wie die Bauern nach unserer Arbeitsleistung bezahlt. Aber da wir so gut wie keine Erfahrung mit Landarbeit haben, werden uns weniger Arbeitspunkte angerechnet, wenn wir etwas falsch gemacht haben. Das ist nicht gerecht, denn wir müssen doch erst lernen. Einige von uns sind so verärgert, daß sie die Bauern nur noch abfällig ›Schlammfüße‹ nennen. Natürlich nur, wenn wir unter uns sind. Wir werden uns eben bemühen müssen, noch besser zu arbeiten, damit später unser eigener Lohn zum Leben ausreicht.

Neulich haben wir damit angefangen, einer kleinen Gruppe von älteren Bauern und Bäuerinnen Lese- und Schreibunterricht zu geben. Die meisten können zwar lesen und schreiben, aber viele meinen, sie könnten es noch nicht gut genug, und einige können es tatsächlich überhaupt noch nicht. Daher haben wir beschlossen, ihnen zu helfen. Wir haben uns von zu Hause ein paar Lesebücher schicken lassen, und dann ging's los. Die Sache kommt bei den Bauern ziemlich gut an.

Ein anderes Problem ist die Freizeit. Am Anfang waren wir von der ungewohnten Arbeit immer total erschöpft, aber allmählich vermißten wir doch einiges. Es gibt hier kein Kino, kein Theater, keinen guten Buchladen, nur ein Volleyballfeld und alle paar Wochen mal einen Film im Freien. Einen Fernseher haben wir auch nicht. Ich bin froh, daß ich das Transistorradio mitgenommen habe. Es gibt zwar einen Fernseher im Gruppenraum des Dorfes, aber dort ist es immer knallvoll. Zu einigen Familien, mit denen wir zusammen auf dem Feld arbeiten, haben wir sehr guten Kontakt. Aber so wie zu Hause fühle ich mich noch immer nicht. Manchmal habe ich wirklich Heimweh. Dann versuche ich, mich abzulenken, und sage mir, daß ich hier doch gebraucht werde. Meine Freundin hat schreckliches Heimweh, ich weiß gar nicht, was ich mit ihr machen soll. Und das andere Mädchen in unserem Zimmer, wie gesagt, die redet kaum noch. Die wurde aber auch einfach hierhergeschickt. Sie hat sich nicht freiwillig gemeldet wie ich. Sie wartet jetzt nur darauf, daß ihre Eltern ihr genug Geld schicken, damit sie auf Besuch nach Hause fahren kann. Ich würde auch mal gern wieder nach Hause fahren.

Ein halbes Jahr finde ich ganz schön lang, und dabei muß ich noch mindestens eineinhalb Jahre hierbleiben. Es gibt hier im Dorf übrigens einen jungen Mann, der als einer der ersten Jugendlichen aus der Stadt hierhergekommen ist und der vor kurzem geheiratet hat. Also, ich könnte das nicht. Ich will wieder zurück in die Stadt. Zwei Jahre auf dem Land sind genug.«

So wie Xiaonan geht es vielen jungen »Bauern auf Zeit«. Für zwei bis drei Jahre sind sie bereit, das unbequeme Landleben auf sich zu nehmen. Doch wenn die Landaufenthalte immer wieder verlängert werden und ihnen in der Stadt auch nach vielen Jahren keine Arbeitsstelle sicher ist, dann werden die Jugendlichen doch unzufrieden. »Unsere Jugend wird unter dem Schlamm begraben«, denken viele und ziehen die Konsequenz: Sie kehren von den Elternbesuchen nicht aufs Land zurück und bleiben lieber ohne Aufenthaltsgenehmigung in den Städten. Manche fangen nach einer Weile an, Lebensmittel zu stehlen, denn Leute ohne Aufenthaltsgenehmigung bekommen keine Rationierungsmarken. Oft kann auch die Familie sie nicht durchfüttern. Einige Mädchen verdienen ihren Lebensunterhalt dann als Prostituierte. In vielen Städten entstanden Jugendbanden, die Jugendkriminalität stieg in den letzten Jahren an.

Seit Frühjahr 1978 machen die jungen Leute selbst auf ihre Probleme aufmerksam: Sie demonstrierten in Guangdong, brachten große Wandzeitungen in Peking an und besetzten einen Bahnhof in Shanghai. Sie fordern Arbeit, kürzere Landaufenthalte und beschweren sich über die Behandlung durch die Bauern. Arbeitslose Jugendliche schlossen sich in manchen Städten zu kleinen Schneiderwerkstätten, Maurer- und Reparaturkolonnen oder Kunstgewerbewerkstätten zusammen. In Guangdong werden seitdem Jugendliche ohne Arbeit halbtags als Straßenkehrer eingestellt, und auf dem Land sollen Jugendfarmen eingerichtet werden, die mehr auf die Wünsche der Jugendlichen eingehen. Trotzdem werden solche Maßnahmen für die meisten der arbeitslosen Jugendlichen so schnell keine Hilfe bringen. »Hinauf auf die Berge, hinunter aufs Land« zu gehen, wird weiterhin eine Notwendigkeit bleiben. Doch werden irgendwann Mähdreschmaschinen die Arbeit von Mädchen wie Xiaonan und ihren Freundinnen überflüssig machen.

Xiaohua, 23 Jahre
Lehrling »Kleine Blume«

Xiaohua sitzt an einem Webstuhl und zieht mit einem Instrument, das an eine Häkelnadel erinnert, Kettfäden in Nadelösen. Sie macht einen der 1584 Webstühle, die in der Textilfabrik Nummer drei der Stadt Xian stehen, arbeitsfertig. Der Arbeitsplatz ist ruhig, der dröhnende Lärm der angrenzenden Weberei dringt nur dumpf durch die Betonwände. Xiaohua trägt einen weißen Arbeitskittel, auf den der Name der Fabrik in blauen Schriftzeichen gedruckt ist. Ihr schwarzes Haar steckt unter einer enganliegenden weißen Baumwollmütze. Die Arbeit erfordert Konzentration und Geschicklichkeit. Xiaohua blickt angestrengt auf das Gewirr der weißen Fäden, genau wie ihre dreißig Kolleginnen, alles Frauen. »Warum arbeiten hier nur Frauen?« Xiaohua schaut auf und antwortet: »Frauen haben mehr Geschicklichkeit. Das ist Frauenarbeit!« Xiaohua ist dreiundzwanzig Jahre alt. Ihr Name heißt übersetzt »Kleine Blume«. Wie überall in der Volksrepublik China wird sie von einem Meister – »shifu« genannt – ausgebildet, dem sie direkt unterstellt ist. Seit kurzem gibt es eine einheitliche Ausbildungszeit von drei Jahren, und Lehrlinge müssen Prüfungen ablegen. Berufsschulen werden bisher durch die praktische Unterweisung von Arbeitskollegen und dem Meister ersetzt. Die Lehrlinge arbeiten wie die Erwachsenen acht Stunden am Tag und sechs Tage in der Woche. Einen Jahresurlaub erhalten weder Lehrlinge noch alle anderen Arbeiter und Angestellten.

Freie Tage gibt es am Frühlingsfest, dem 1. Mai und am 1. Oktober, dem chinesischen Nationalfeiertag. Xiaohua berichtet:

»Ich verdiene 30 Yuan (= 15,– DM) im Monat. Für mich ist ein Meister zuständig. In drei Monaten werde ich voll in der Weberei arbeiten. Dann erhalte ich 50 Yuan (= 25,– DM). Wenn ich gut arbeite, bekomme ich noch zusätzliche Prämien. Gut arbeiten heißt: Der Stoff muß von guter Qualität sein, ich muß den Produktionsplan pünktlich erfüllen und am besten noch mehr Meter produzieren, als im Plan vorgesehen sind.«

In der Weberei, in der Xiaohua bald arbeiten wird, ist der Lärm ohrenbetäubend. Gehörschutz gibt es nicht, und auch die Hallen sind nicht schalldämpfend isoliert. Frauen und Mädchen stellen 60 Prozent der Belegschaft, dennoch sind sie in leitenden Positionen der Fabrik nur zu einem Drittel vertreten. Die Webstühle, an denen die Arbeiterinnen stehen, wurden Anfang der fünfziger Jahre in China selbst hergestellt. Eine Modernisierung ist dringend notwendig, und die Gewerkschaft des Betriebes will sich in Zukunft stärker des Lärmproblems annehmen. Acht Stunden in diesem Höllenlärm – die »Kleine Blume« meint, daß man sich daran gewöhnen könne:

»Außerdem werden wir Arbeiterinnen einmal im Jahr genau untersucht, und bei schlechter Gesundheit wird eine andere Arbeit zugeteilt. Schwangere Frauen arbeiten nur bis zum siebten Monat in der Weberei, der Schwangerschaftsurlaub beträgt 56 Tage. Wenn das Kind in der Kinderkrippe der Fabrik untergebracht ist, hat die Mutter zusätzlich zu der Essenspause zwei Pausen am Tag zum Stillen.«

Arbeiterinnen in einer Seidenstickerei

Wenn der Lehrling »Kleine Blume« erzählt, merkt man, daß die Textilfabrik für sie mehr ist als nur ein Arbeitsplatz. Die Fabrik ist ihre »danwei«, ihre Einheit. »Einheit« bedeutet, daß hier alles geregelt und organisiert wird: Xiaohua wohnt mit ihren Eltern in einem Wohnblock der »Einheit«, nahe bei der Fabrik. Ist sie krank, geht sie in die Krankenstation der »Einheit«. Heiß duschen kann sie im Badehaus der Fabrik, und auch Kinos, Sportplätze und eine Bibliothek gehören zu der Arbeitseinheit von Xiaohua.

Jeder Chinese lebt in einer solchen sozialen Einheit: Für die Bäuerin ist es das Dorf, für die Studenten die Universität, für die Rentner das Wohngebiet, das Stadtteilkomitee. Wenn der Lehrling Xiaohua ihre Uhr zur Reparatur bringt, fragt sie der Uhrmacher nicht zuerst nach ihrem Namen, sondern er fragt: »Aus welcher Einheit kommst du?« Das Leben von Xiaohua spielt sich hauptsächlich in der Sicherheit und Überschaubarkeit dieser »danwei« ab. Viele Leute kennen sich hier untereinander. Man sitzt im Sommer zusammen auf Bambusstühlen vorm Haus und erzählt sich Neuigkeiten, nachbarschaftliche Kontakte sind sehr eng, und gegenseitige Hilfe ist selbstverständlich. Xiaohua meint: »Hier ist eigentlich immer was los! Einsam ist hier keiner.«

Bekanntmachung am Schwarzen Brett in einer Seidenfabrik der Stadt Hangzhou in Südchina:

»Im ersten Jahr sagten die Lehrlinge noch ehrfürchtig ›Meister‹, im zweiten Jahr redeten sie den Vorgesetzten mit dem Vornamen an, und im dritten Jahr motzten sie ›He, Alter‹. So sollten sich Lehrlinge nicht benehmen.«

Wang Aihua, 21 Jahre
Ich lerne Deutsch

Wang Aihua lebt auch in einer »danwei«, am Fremdspracheninstitut in Peking. Zusammen mit zwei anderen Studentinnen bewohnt sie ein Zimmer im Studentenheim. Sie ist 21 Jahre alt und studiert seit
einigen Monaten Deutsch. Sie hat vorher an einer
Mittelschule Englischunterricht gegeben. Weil sie
aber meinte, daß ihre Sprachkenntnisse noch nicht
gut genug sind, hat sie sich für ein Studium am
Fremdspracheninstitut beworben. Sie hat die
schwierige Aufnahmeprüfung bestanden und ist von
ihrer Schule für ein dreijähriges Deutschstudium
freigestellt worden. Wang Aihua hat uns auf ihr
Zimmer eingeladen und freut sich, daß sie ihre
Deutschkenntnisse ausprobieren kann. Wir sitzen
auf ihrem Bett, über das sie tagsüber eine Plastik-
decke gebreitet hat, damit das Bettzeug geschont
wird. Als wir kommen, gehen ihre beiden Zimmergenossinnen in die Bibliothek, um ungestört arbeiten
zu können. Wir kennen Wang Aihua noch nicht
lange und unterhalten uns über die Studienbedingun-
gen und wie sie überhaupt auf die Idee gekommen ist,
Deutsch zu studieren.

»Ich wollte schon immer auf eine Universität gehen.
Meine Eltern sind beide Akademiker und haben mir von
kleinauf beigebracht, daß man viel lernen soll. Als ich die
Mittelschule beendet hatte, war es noch Pflicht, mindestens für zwei Jahre in einer Fabrik oder auf dem Lande
zu arbeiten. Das war die Voraussetzung für eine Bewer-

bung zum Studium. Außerdem mußten damals die Arbeitskollegen und die Parteivertreter am Arbeitsplatz die Bewerbung befürworten. Die richtige politische Einstellung und gute Leistungen am Arbeitsplatz waren dabei die Kriterien. Auf diese Weise hatten auch Arbeiter und Bauern ohne Vorbildung die Chance, einen Studienplatz zu bekommen, andererseits sank die Qualität der Studienausbildung, weil auf die fehlende Vorbildung Rücksicht genommen werden mußte.

Nach der Mittelschule sollte ich wie die andern aufs Land gehen. Dann wurden aber an der Mittelschule Englischlehrer gebraucht, und weil ich gut in Englisch war, haben sie mich gleich dabehalten zum Unterrichten. Ich hatte keine Ausbildung als Lehrerin, und mein Unterricht war natürlich nicht besonders gut. 1977 wurden dann die Aufnahmeprüfungen für die Hochschulen wieder eingeführt. Ich habe mich sofort beworben und begann, für die Prüfungen zu lernen. Die Prüfungen sollten nämlich sehr schwierig sein, weil sich viele bewerben, die Plätze aber knapp sind. Ich wurde in allen Fächern geprüft, Geschichte, Geographie, altes Chinesisch, Grammatik, Literatur. Ich glaube, weil ich gut Englisch kann, habe ich die Prüfung bestanden. Warum ich nun für ein Deutschstudium zugelassen wurde, obwohl ich eigentlich Englisch studieren wollte, ist mir nicht klar, vermutlich weil im Deutschkurs eben noch Plätze frei waren. Über Deutschland wußte ich damals nicht viel, außer daß Karl Marx und Friedrich Engels dort geboren sind. Inzwischen habe ich aber schon gelernt, daß Deutschland ein hochentwickeltes Industrieland ist. Die deutsche Sprache finde ich ungeheuer schwierig, die Grammatik ist sehr kompliziert, besonders die Fälle und das ›Der-Die-Das‹, sowas gibt es ja im Chinesischen nicht.

Ich bekomme für das Studium einen Zuschuß vom Staat, 20 Yuan (= 10,–DM) im Monat. Meine Eltern verdienen beide gut, und sie können mir den Rest dazubezahlen. Wäre ich vorher fünf Jahre berufstätig gewesen, so hätte ich mein Gehalt weiterbezahlt bekommen.

Für die Leute vom Land ist es jetzt sehr viel schwieriger geworden, auf die Uni zu kommen. Nur wenige von ihnen haben den Mittelschulabschluß, der für die Studienbewerbung nun Voraussetzung ist. Das ist schon ein Problem. Ich bin natürlich froh, daß ich einen Studienplatz gekriegt habe. Was ich nach den drei Jahren Sprachstudium machen werde, weiß ich noch nicht. Es hängt davon ab, wo ich gebraucht werde. Ich würde gern deutsche Bücher übersetzen, aber ich könnte mir auch vorstellen, weiter als Lehrerin zu arbeiten. Auf jeden Fall weiß ich, daß ich nicht arbeitslos sein werde.«

»Jede Arbeit dient der Revolution«, steht auf einer chinesischen Briefmarkenserie. Abgebildet sind nicht die Traumberufe der chinesischen Mädchen wie Fabrikarbeiterin, Lehrerin oder eine Arbeit im Bereich des Kunsthandwerks. Die bunten Bilder werben vielmehr für weniger beliebte Jobs, zum Beispiel Kellnerin, Friseuse, Verkäuferin, weniger beliebt aus den gleichen Gründen wie in der Bundesrepublik: Weil sie ungünstige Arbeitszeiten haben, man lange stehen und zuviel saubermachen muß. Hinzu kommt, daß im Alten China Berufe im Dienstleistungsbereich ziemlich schlecht angesehen waren. In der Volksrepublik China werden deshalb in regelmäßigen Abständen Kampagnen zur Aufwertung solcher ungeliebten Berufszweige durchgeführt.

Neben Briefmarken werden dazu auch Berichte im Fernsehen oder in Zeitungen eingesetzt. Bonbonverkäuferinnen führen vor, wie schnell sie Süßigkeiten abwiegen und verpacken können, Kellnerinnen messen sich im Kopfrechnen, und Friseusen schneiden um die Wette. In Geschäften und Restaurants hängen große Transparente mit den Parolen »Hebt den Service!« oder »Dem Volke dienen!« Solche Aufforderungen sind nicht allein als Ansporn für die Angestellten gedacht, auch die Kunden sollen lernen, die Tätigkeit der Verkäuferin und Kellnerin zu achten, höflich zu sein und sie mit »Genossin« anzureden. In Zugabteilen und Warenhäusern können sich die Chinesen zum Beispiel an der Wahl der Modellarbeiterin

»Jede Arbeit dient der Revolution«: Motto der ersten Briefmarke dieser Serie. Weiter sind folgende Frauenberufe abgebildet:

Busschaffnerin
Zugangestellte

Straßenkehrerin

Verkäuferin

Kellnerin

Friseuse

Kindergärtnerin

Barfußärztin

beteiligen. Sind sie mit der Bedienung besonders zufrieden, stecken sie kleine rote Fähnchen auf eine Tafel, die am Arbeitsplatz angebracht ist. Wer am Monatsende die meisten Fahnen hat, bekommt eine Urkunde, manchmal auch eine Geldprämie oder eine Porzellantasse.

Lin Henai, 22 Jahre
Auf Bücherjagd

Der 1. Mai ist auch in China ein Feiertag. Da wird nicht nur gut gegessen und ein Park besucht, da gibt es meistens auch neue Bücher zu kaufen. Die Buchtitel werden einige Tage vorher in den Tageszeitungen angekündigt. Unsere Zimmergenossinnen schnitten sich die Seiten aus den Zeitungen heraus und strichen die Bücher an, die sie kaufen wollten.

Bücher gibt es in China in Buchläden zu kaufen, über deren Eingangstür ein rotes Schild mit vier gelben Schriftzeichen hängt: Xinhua Shudian, Buchhandlung Neues China. Das ist das Markenzeichen der staatlichen Buchläden. Große Buchhandlungen liegen immer im Stadtzentrum, doch kleine Zweiggeschäfte sind über die gesamte Stadt verteilt. Jedes Wohnquartier, aber auch jede Fabrik und Schule hat einen kleinen Buchladen. Man muß also nur dann ins Stadtzentrum radeln, wenn das gesuchte Buch im »Laden um die Ecke« ausverkauft ist oder sie ein Spezialbuch braucht. Ein siebenhundertseitiger Roman in einer Paperbackausgabe kostet etwa 4 Yuan (= 2,– DM). Für eine junge Chinesin ist das im Verhältnis zu ihrem Lohn soviel wie für uns in Deutschland ein Buch für 30,– DM. Doch gibt es auch schon umgerechnet ab zehn Pfennig dünne Heftchen und Bücher mit Kurzgeschichten oder Gedichten.

Da Papier in China knapp ist, sind Bücher Mangelware. Eigene Bücher werden sehr schonend behandelt, in braunes Packpapier gebunden und weiter verliehen. Für die chinesischen Leser ist es sehr wichtig zu wissen, wann und wo sie welches Buch kaufen können. Normalerweise steht das auf einer roten oder schwarzen Tafel an der Ladentür oder man erfährt das aus der Zeitung. Die Nachricht »Es gibt neue Bücher« verbreitet sich in Windeseile im Viertel, und noch schneller sind die Bücher ausverkauft.

Am 1. Mai klingelten bei uns die Wecker schon morgens um sechs Uhr: Die chinesischen Studentinnen gingen auf Bücherjagd. Am Nachmittag kam Lin Henai zufrieden und müde zurück. Sie hatte den Roman ›Lied der Jugend‹* gekauft. Sie berichtet, wie sie das geschafft hat.

»Ich war schon gegen halb acht vor dem Buchladen hier im Haidian Einkaufszentrum. Ich war die Zehnte. Als dann um neun Uhr geöffnet wurde, bekam ich ein Buch von Charles Dickens und das ›Wintermärchen‹ von Heinrich Heine. Das ›Lied der Jugend‹ hatten sie nicht. Ich drängelte mich an der Schlange von bestimmt hundert Leuten vorbei und radelte gleich ins Stadtzentrum. Vor dem großen Buchladen standen unheimlich viele Leute in einer langen Reihe, die sich über den Vorplatz schlängelte. Und je näher sie dem Eingang kamen, desto mehr wurde geschubst und gedrückt. Die Verkäufer hatten Sondertische aufgestellt, damit der Kauf schneller ging. Einer packte die Bücher aus den Kisten aus, ein anderer kassierte das Geld, und ein dritter

---

* ›Lied der Jugend‹: ein bei den Chinesinnen beliebtes Buch von Yang Mo. Es schildert das Leben und die Liebe einer revolutionären Studentin in den dreißiger Jahren. Erstmals erschien das Buch 1963, wurde dann verboten und ist 1978 neu aufgelegt worden.

Käufer in einer Stadtteilbuchhandlung in Peking

wickelte die Bücher in Packpapier ein. Als ich kam, war
es schon halb elf, und ich hätte sicher kein Buch mehr
bekommen, wenn ich nicht vorn in der Reihe ein Mädchen aus meinem Kurs entdeckt hätte. Ich ging hin,
redete mit ihr und blieb dann einfach stehen. Die Leute
haben nichts gemerkt.
Das ›Lied der Jugend‹ wurde drinnen an der normalen
Theke verkauft. Da war das Gedränge wirklich schlimm.
Die Verkäuferin sagte dauernd: ›Ruhe, Genossen!‹ und
›Nicht hinter die Theke gehen!‹ Einige neue Romane
lagen zum Anschauen auf dem Verkaufstisch, mit einer
Schnur angebunden und schon ziemlich zerfleddert. Ich
brauchte bestimmt eine halbe Stunde, bis ich drankam,
und zum Glück war das Buch noch da. Ich war klitschnaß
geschwitzt und total fertig. Ich bin dann mit dem Mädchen aus meiner Klasse erst mal eine Limonade trinken
gegangen.«

In der Arbeitspause werden auf dem Acker Broschüren verteilt.

1979 erschienen in China mehr als 800 verschiedene Bücher für Kinder und Jugendliche, viermal soviel wie 1977. Das ist das Ergebnis der Arbeit des Nationalen Kongresses für Kinder- und Jugendliteratur. Nach dem Aufruf des Vorsitzenden Hua Guo-feng, das wissenschaftliche und kulturelle Niveau der gesamten chinesischen Nation zu heben, wurde ein Plan für 29 neue Buchreihen zusammengestellt, vom Jugendlexikon über Sachbücher bis zu bekannten Werken ausländischer Kinderliteratur. Lesestoff finden die 200 Millionen Kinder und Jugendlichen in den kleinen Büchereien und Leseräumen von Schulen und Wohngebieten. Doch die Auswahl ist dort nicht sehr groß. In manchen Straßen gibt es in Hauseingängen oder Höfen kleine Comic-Bibliotheken. Ein Rentner hütet die Schätze in einem Regal, und die Kinder und Jugendlichen können hinkommen und die schon reichlich zerlesenen Comics betrachten. Sie hocken sich auf den Boden oder auf kleine mitgebrachte Holzschemel. Auch in manchen Parks gibt es Leseräume für Kinder und Jugendliche.

Guangmei, 14 Jahre
Ein Sonntag im Park

In China gingen wir manchmal zweimal in der Woche ins Kino. Die Vorstellungen sind immer ausverkauft. In Shanghai beginnen sie morgens um sieben, die Spätvorstellungen abends gegen neun Uhr. Viele Kinokarten werden direkt an Fabriken und Schulen verteilt, und dann gehen die Arbeiter oder Schüler gemeinsam ins Kino. Das hat einen Vorteil: Man muß sich für die Karten nicht ein oder zwei Tage vorher anstellen und kann mit dem Bus der »Einheit« fahren, man spart also Geld und Zeit. Die Karten kosten in den großen Kinos umgerechnet zwischen 25 und 50 Pfennig. In den Filmsälen von Fabriken, Volkskommunen oder Schulen und Universitäten sind die Vorstellungen meistens kostenlos. An der Universität Peking konnten wir alle 14 Tage einen Film sehen, manchmal einen »alten Schinken«, manchmal einen brandneuen Film über Spionage oder auch einen ausländischen Film. 1978 wurden in China 375 alte Spielfilme wiederaufgeführt, die jahrelang verboten gewesen waren. Dazu gehörten Liebesgeschichten, klassische Opern und Komödien. Auch ausländige Filme mit Charlie Chaplin und Gregory Peck oder ›Der Glöckner von Notre Dame‹ sind nun zu sehen.
Bestimmungen wie »Für Jugendliche unter achtzehn verboten« oder »Ab vierzehn« gibt es in China nicht. Vom Kleinkind bis zur Großmutter sind alle in den Kinos vertreten. Wir mußten uns erst daran gewöhnen, daß Kinder in den Gängen spielen, Babies

Starfoto aus dem Film ›Frühling‹

schreien, die Leute während des Films rein und raus laufen.

Mädchen gehen oft alleine ins Kino. Das gilt nicht als unschicklich im Gegensatz zu Restaurant- oder Kneipenbesuchen. Sie kaufen sich gern für ein paar Pfennige Filmbilder. Man bekommt sie in Fotogeschäften und manchmal auch an einem kleinen Stand auf der Straße. Schön finden alle Chinesinnen, die wir getroffen haben, die ›Dritte Schwester Liu‹. Der Film spielt in einem Minderheitengebiet, und die Musik ist überall bekannt. Sehr beliebt ist auch der Musikfilm ›Frühling‹. Lieder und Tänze, die unter der »Viererbande« verboten waren oder die die Entmachtung der »Viererbande« besingen, wurden 1977 zu einem bunten, recht kitschigen Potpourri zusammengestellt.

Die beliebteste Form der Freizeitgestaltung ist das In-den-Park-Gehen. Die 14jährige Guangmei aus Peking hat sich mit ihrer Freundin Huilan verabredet: Sie wollen am Sonntag in den Beihai-Park gehen.

Guangmei hat von montags bis samstags Schule. Am Sonntag hat sie frei. Auch ihre Eltern arbeiten sechs Tage in der Woche, aber sie haben nicht am Sonntag ihren freien Tag, sondern am Mittwoch, und so ist Guangmei am Sonntag meistens allein zu Hause.

Doch an diesem Sonntag fährt sie gleich nach dem Frühstück los. Sie hat eine grüne Baumwollhose, eine bunte Bluse und schwarze Plastiksandalen an. Die Umhängetasche hat sie über die Schulter gehängt. Darin hat sie ihre Wolljacke, zwei Äpfel und zwei mit süßer Bohnenpaste gefüllte Hefebrötchen verstaut. Ausnahmsweise hat sie von ihrem Vater den Fotoapparat bekommen und kann die restlichen vier Bilder verknipsen. Guangmei hat im Monat ungefähr 2 Yuan Taschengeld (= 1,– DM). Das meiste spart sie für Bücher, aber wenn sie mit Huilan in den Park geht, braucht sie mindestens einen Yuan (= 0,50 DM). Zum Beihai-Park, dem Park des Nördlichen Sees, fährt sie mit dem Bus eine Viertelstunde. Der Bus ist besonders am Sonntag sehr voll, und Guangmei zupft erst mal ihre Bluse zurecht, als sie aussteigt. Am Eingangstor sieht sie schon ihre Freundin winken. Sie haken sich unter, kaufen sich zwei Eintrittskarten für jeweils 5 Fen (= 3 Pfennig). Was sie dann tun, erzählt sie selbst:

»Wir gehen immer zuerst zum Bootsverleih. Wenn man später kommt, kriegt man kein Boot mehr. Eine Stunde Bootfahren kostet 40 Fen (= 20 Pfennig). Meistens rudere ich. Huilan hat zuviel Angst, daß sie an ein anderes Boot stößt. Hinterher klettern wir jedesmal zur weißen Pagode hoch. Das ist ein guter Platz zum Fotografieren. Wir haben uns gegenseitig geknipst. Was wir sonst noch so im Park machen? Eis essen, besonders wenn es das gute Milcheis gibt, Picknick machen neben dem See. Es gibt auch oft eine Ausstellung mit Zeichnungen und Bildern, und neuerdings gibt es wieder große Tonschalen mit Gold- und Zierfischen. Huilan hat zu Hause einen Goldfisch, und sie kann von diesen Fischen nicht genug kriegen. Ich finde sie ziemlich langweilig.

Hinterher machen wir meistens noch einen Schaufensterbummel in der Stadt. Die Geschäfte haben jeden Tag bis abends acht Uhr geöffnet. Es gibt jetzt unheimlich viel zu kaufen. Das sieht man schon an den Dekorationen in den Fenstern. Zum Abendessen muß ich dann zu Hause sein.«

Gruppenbild mit Chinesinnen

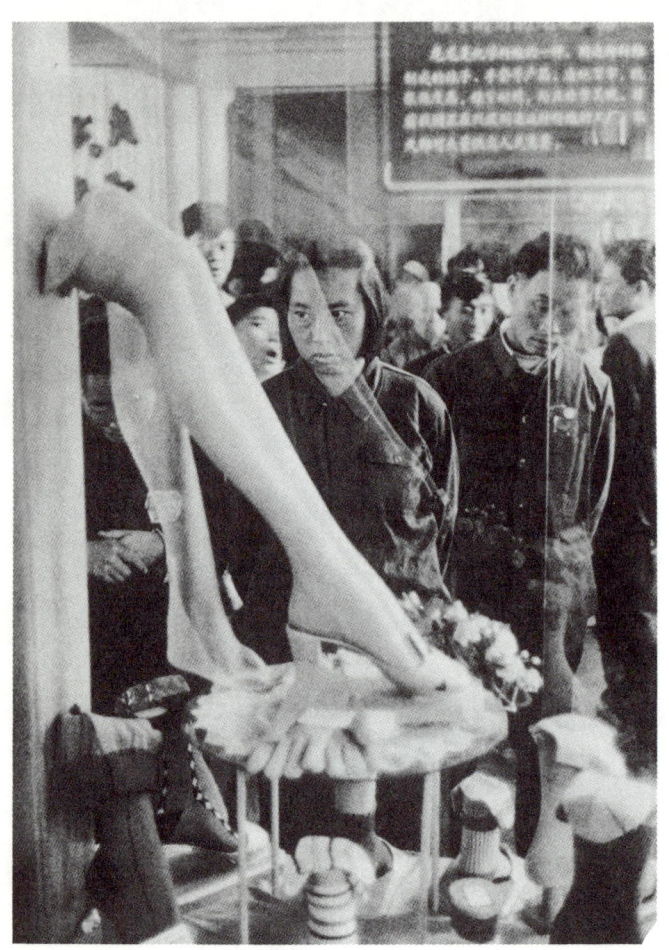

116

Chang Lihua, 25 Jahre
»Können wir Freunde sein?«

Liebe ist kein wichtiges Thema für die chinesischen Jugendlichen. Die Mädchen in China haben viel Zeit, erwachsen zu werden. Solange sie noch Zöpfe tragen, gelten sie als »Xiao Haizi«, als »Kinder«, und die Zöpfe fallen erst, wenn sie heiraten. Dann sind sie meistens etwa 25 Jahre alt. Daß die chinesischen Jugendlichen länger Kinder bleiben können, liegt auch daran, wie ihr Leben organisiert ist. Sie brauchen sich nicht eine Lehrstelle zu suchen. Sie brauchen sich nicht mit der Frage zu beschäftigen: Ziehe ich zu Hause aus oder nicht? Beides, Beruf und Wohnung, wird ihnen vom Staat zugeteilt. Überall sind sie umsorgt, in der Schule, in der Familie, in ihrer »Einheit«. Ihr Leben selbst in die Hand zu nehmen, müssen die Jugendlichen in China erst sehr viel später lernen. Zuneigung und Zärtlichkeit, die bei uns in einer Zweierbeziehung gesucht werden, erfahren die Chinesinnen nicht nur durch die Familie. Auch die Kontakte zu Arbeitskolleginnen, Freundinnen und Nachbarinnen sind in China viel enger als bei uns. Geborgenheit finden sie bei vielen Menschen.
Wenn für die Mädchen mit fünfundzwanzig die Zeit zum Heiraten gekommen ist, fangen oft die Eltern oder Freundinnen an, einen »passenden« jungen Mann zu suchen. »Verkuppeln« hat eine lange Tradition in China, und auch heute gibt es das noch. Doch oft suchen sich die Mädchen heute den Freund selbst, manchmal sogar gegen den Widerstand der Eltern.

Eine Studentin   *Eine Textilarbeiterin*

Die fünfundzwanzigjährige Chang Lihua ist schon seit langem verlobt und will nun bald heiraten. Sie erzählt, wie sie ihren Mann kennengelernt hat:

»Mein Freund Guo Weizhong und ich kennen uns aus der Mittelschule. Wir waren in derselben Klasse, aber befreundet waren wir damals noch nicht. Manchmal sind wir mit anderen Klassenkameraden zusammen weggegangen, ins Kino oder in ein Theaterstück oder in einen Park zum Rudern, aber da waren die Mädchen und die Jungen meistens unter sich. In der Mittelschule hat hier auch noch niemand einen Freund oder eine Freundin, das fängt erst später an, wenn man schon einen Beruf hat.
Ich war achtzehn, als ich mit der Mittelschule fertig war, und Guo Weizhong war neunzehn. Als wir in der letzten Klasse den Bogen mit den Berufswünschen ausfüllen mußten, schrieben wir zufällig beide, daß wir am liebsten in eine Fabrik für Feinmechanik gehen würden. Ich hatte schon immer Spaß an kleinen Basteleien gehabt, aber in

einen Kunsthandwerksbetrieb wollte ich nicht. Ich wollte etwas richtig Nützliches herstellen. Also schrieb ich Feinmechanik auf. Bei Guo Weizhong war es ähnlich. Es war mir in der Schule schon aufgefallen, wie geschickt er im Werkunterricht war. Als wir unseren Berufswunsch eintrugen, wußten wir natürlich nicht, ob er wirklich erfüllt werden konnte. Ich hatte schon gedacht, daß man mich vielleicht auf eine Fremdsprachenschule schickt, weil ich in der Schule gut in Englisch war. Außerdem sind meine Eltern Intellektuelle, und sie hätten gern gesehen, wenn ich in ihre Fußstapfen getreten wäre. Aber ich war damals schon überzeugt, daß ich einen wichtigen Beitrag für unser Land nur als Arbeiterin leisten kann, und deshalb wollte ich in eine Fabrik.

Es war also purer Zufall und Glück, daß der Berufswunsch von Guo und mir nicht nur erfüllt, sondern daß wir auch noch in dieselbe Fabrik geschickt wurden. In der Fabrik stürzte ich mich gleich in die Arbeit und wollte alles lernen, was es zu lernen gab. Zunächst durfte ich nur irgendwelche kleinen Teile in einen Elektroschalter schrauben. Das wurde mir schnell langweilig. Nach einigen Monaten kam ich in die Abteilung, in der feinmechanische Geräte hergestellt werden. Das fand ich unheimlich interessant, und in dieser Abteilung bin ich heute noch. Guo Weizhong ging die Sache etwas anders an. Er war von Anfang an sehr interessiert, etwas über die Organisation der Fabrik zu erfahren. Er nahm an einer Studiengruppe teil, damit er sich politisch weiterbilden konnte. Es dauerte auch nicht lange, und er wurde Studiengruppenleiter der Lehrlinge. Jeder war begeistert von ihm. Und so langsam begann auch ich, Notiz von ihm zu nehmen.

Es fing an einem Nachmittag im Hochsommer vor zwei Jahren an. Unsere Studiengruppe traf sich außerhalb der Arbeitszeit in der Fabrik, um über einen Arbeiter zu verhandeln, der es sich angewöhnt hatte, kleine Sachen zu stehlen. Der Mann war eigentlich ein guter Arbeiter, und wir wollten ihm unbedingt helfen. An diesem Nachmittag leitete Guo Weizhong die Sitzung. Wir unterhielten uns gemeinsam mit dem Mann und versuchten, soviel wie möglich über ihn zu erfahren: Warum er stiehlt, ob er Sorgen hat, ob er gute Freunde hat und so weiter. Mir fiel auf, daß Guo Weizhong ihn sehr behutsam und verständnisvoll befragte. Es klang überhaupt nicht nach Kritik, sondern er war voll Verständnis für den anderen. Aber er war auch ehrlich und ziemlich hart, wenn es um die Fehler des Arbeiters ging. Ich war wirklich beeindruckt. Ich nahm mir vor, von Guos Verhalten zu lernen. Und so kam es, daß ich von nun an regelmäßig in die Studiengruppe ging, und irgendwie kamen wir immer ins Gespräch, über die Fabrik, über unsere Arbeitserfahrungen. Ich freute mich, wenn ich Guo Weizhong traf, und bekam Herzklopfen, wenn ich ihn irgendwo um die Ecke biegen sah. Ich glaube, es ging ihm genauso, denn einmal, als wir uns unverhofft auf dem Gang trafen, bekam er ganz rote Ohren. Innerlich habe ich mich gefreut, weil ich nun wußte, daß er mich auch ganz gern mag.

Bald arrangierten wir es so, daß wir um die gleiche Zeit Feierabend hatten und noch ein Stück gemeinsam nach Hause gehen konnten. Ich hatte ihm erzählt, daß ich in der Weststadt in einem Hochhaus wohne und daß meine Eltern an der Universität arbeiten. Er selber aber erzählte nichts von zu Hause. Es dauerte eine ganze Weile, bis ich erfuhr, daß er in einem Haus in der Innenstadt bei seinen Großeltern lebt, seine Eltern tot waren und er noch einen jüngeren Bruder miternähren mußte. Er sagte mir später, es sei ihm peinlich gewesen, mir das zu sagen, weil ich doch aus einer Intellektuellenfamilie komme und er ein armer Mann sei. Ich hatte ihn schon ein paarmal zu mir nach Hause eingeladen, aber meistens hatte er abgelehnt. Er kam nur, wenn er mir irgendwelche Papiere und Studienmaterial für die Gruppe bringen wollte. Ich fühlte mich wohl in seiner

Liebespaar an der Uferpromenade in Shanghai

Nähe und hatte das Gefühl, daß er mich gut verstand. Es ging ihm ähnlich, denn ich merkte, daß er allmählich mehr erzählte und auch über seine Familie sprach. So lernten wir uns langsam gut kennen.

Eines Nachmittags kam er mal wieder mit Studienpapieren zu mir nach Hause. Es war unser freier Tag in der Fabrik, und ich lud ihn zum Essen ein. Meine Eltern hatten nichts dagegen, sie fanden, daß er ein wohlerzogener, freundlicher junger Mann war. Nach dem Essen gingen wir ins Wohnzimmer, meine Eltern waren beide wieder zur Arbeit gegangen. Wir waren allein und redeten über alles mögliche. Dabei wünschte ich mir, daß Guos Knie unter dem Tisch mal an meine stoßen würden. Es geschah aber nichts. Die Zeit verging wie im Fluge, und erst als sich draußen jemand räusperte, merkten wir, daß es wirklich reichlich spät geworden war. Als er ging, warf meine Mutter uns einen ungnädigen Blick zu. Aber das kümmerte mich nicht. Ich begleitete Guo Weizhong nach draußen. Wir waren plötzlich beide recht schweigsam, und keiner wußte, was er sagen sollte. Wir gingen irgendwie immer weiter die Straße hinunter, und kurz bevor Guo in seine Straße einbiegen mußte, blieb er plötzlich stehen, guckte mich an und legte seine Hände ganz sanft auf meine Schultern und sagte leise: ›Lihua, meinst du, wir ... können Freunde sein?‹ Ich wußte gar nicht, was ich sagen sollte. Ich sah ihn bloß an und nickte. So im Mondschein war das alles ziemlich romantisch.

Nach diesem Abend hüpfte und pfiff ich den ganzen Tag vor mich hin. Natürlich konnte meinen Eltern das nicht entgehen, und eines Tages fragte meine Mutter mich plötzlich, ob ich einen Freund hätte. Ich habe ihr dann von Weizhong und auch von seiner Familie erzählt, von seiner Arbeit in der Fabrik und was ich alles so gut an ihm fand. Es half nichts, meine Mutter war entsetzt: ›Kind‹, sagte sie, ›ihr paßt doch nicht zusammen! Wir sind eine Intellektuellenfamilie, und er stammt aus einer Arbeiterfamilie und ist noch dazu ein Waisenkind, das seinen Bruder miternähren muß. Hör auf deine Mutter und binde dich nicht an ihn!‹ Ich blieb aber ganz ruhig und sagte: ›Nein, ich stehe zu ihm, da könnt ihr machen, was ihr wollt.‹ Meine Mutter wurde wütend und meinte, ich solle nicht erwarten, daß ich noch irgendwelche Unterstützung von ihnen kriegen würde. Ich war unheimlich traurig. Die ganze Nacht über habe ich geheult, aber ich schwor mir, daß ich diesen alten Bräuchen einer ›standesgemäßen Heirat‹ nicht nachgeben würde. Schließlich konnte ich doch alleine entscheiden. Zuhause war das Leben dann eine Zeitlang unerträglich. Meine Mutter redete kaum mit mir, mein Vater war etwas verständnisvoller, aber auch er hatte ständig einen sorgenvollen Blick und Falten auf der Stirn.

Meine Freundschaft mit Guo Weizhong aber wurde von Tag zu Tag schöner. Wir arbeiteten viel zusammen, und in der Freizeit gingen wir zusammen aus. Einmal ließen wir uns gemeinsam im Park fotografieren. Das besiegelte endgültig unseren Wunsch, für immer zusammenzubleiben. Das Foto habe ich zu Hause natürlich gleich versteckt. Zu der Zeit war ich zwanzig und Guo einundzwanzig Jahre alt. Uns war klar, daß wir zum Heiraten noch viel zu jung waren. Ich hätte zwar nichts gegen eine Heirat gehabt. Dann hätten wir vielleicht von zu Hause weggekonnt und eine eigene Wohnung bekommen. Aber wir nahmen die gesellschaftlichen Regeln ernst. In China wird spät geheiratet, erst so um die fünfundzwanzig herum, und das wollten wir einhalten, wenn es auch nicht immer einfach war. Ich sehnte mich oft, wenn ich zu Hause unglücklich war, nach seiner Nähe.

Ich fand es schön, wenn wir uns ab und zu in den Arm nehmen konnten oder Arm in Arm spazieren gingen. Das war auch so etwas, bis wir uns das getrauten. Keiner wagte, den Anfang zu machen, erst recht nicht in der Öffentlichkeit. Es war dann aber ganz einfach. Ich wäre nämlich einmal fast in ein Auto reingelaufen, als wir über die Straße gehen wollten. Da schnappte Guo nach meinem Arm und ließ ihn hinterher einfach nicht wieder los. Später haben wir über diese Dinge gelacht, aber damals war das alles sehr schwierig. Von da an wußte jeder in unserer Umgebung, daß wir befreundet waren. Weil die Nachbarn Bescheid wußten, mußten meine Eltern – ob sie wollten oder nicht – Guo akzeptieren. Ganz langsam fanden sie sich dann wohl mit den Tatsachen ab. Mit Guos Großeltern war das sowieso kein Problem. Die beiden waren schon alt und freuten sich, daß sie seine Freundin noch kennenlernen konnten, bevor sie starben.

Inzwischen sind einige Jahre vergangen. Die erste Verliebtheit ist vorbei, aber wir sind noch immer sicher, daß wir zusammenpassen. Unsere Hochzeit haben wir für nächstes Frühjahr geplant. Ich bin jetzt fünfundzwanzig Jahre alt und Guo sechsundzwanzig. Vor einigen Wochen sind wir zum Wohnungsamt gegangen und haben uns auf die Warteliste für eine kleine Wohnung setzen lassen. Wir hoffen sehr, daß das mit der eigenen Wohnung bis zur Hochzeit klappt. Guos Großeltern sind mittlerweile gestorben. Sein jüngerer Bruder wird später bei uns wohnen. Deshalb wollen wir auch eine Zwei-Zimmer-Wohnung haben. Wenn uns bis zur Hochzeit noch keine Wohnung zugeteilt wird, müssen wir vorerst in ein Wohnheim ziehen. Unsere Fabrik hat letztes Jahr ein Wohnheim für Arbeiterehepaare gebaut. Da könnten wir einziehen. Aber wir wollen ja Guos Bruder mitnehmen, und deshalb wäre uns eine eigene Wohnung lieber. Finanziell können wir das gut schaffen. Wir bekommen ja jetzt beide schon Gesellengehalt, im Monat zusammen 84 Yuan (= 42,– DM). Die Haushaltskasse werde ich verwalten, das haben wir schon besprochen.

Vor ein paar Tagen bin ich zu meiner besten Freundin gegangen, die seit einem Jahr verheiratet ist. Ich wollte so ein paar Sachen wissen, denn neulich haben Guo und

Paar in einem Teeraum im Sommerpalast, Peking

ich zum erstenmal zusammen geschlafen. Das ergab sich, weil sein Bruder im Kino war. Aber ich hatte auch ein bißchen Angst. Die Pille kriege ich ja noch nicht, und mit anderen Verhütungsmitteln kenne ich mich nicht aus. Mit Guo konnte ich darüber nicht reden. Jedenfalls hat meine Freundin ein Aufklärungsbuch, in dem alles haarklein drin steht. Wenn ich es durchgelesen habe, werde ich es Guo geben. Ich finde, eigentlich sollten das alle schon in der Schule lernen, wie das ist mit der Liebe und Ehe.«

Qi Chenrong, 20 Jahre
»Kinderkriegen darf keine Privatsache sein!«

»Ja, man muß lernen, wie das mit der Liebe und Ehe ist«, findet auch Qi Chenrong, »denn Kinderkriegen darf keine Privatsache sein! Wir müssen immer daran denken, daß die Revolution und der Aufbau in unserem Land eigentlich wichtiger sind als Liebe.« Als Qi Chenrong, Geschichtsstudentin an der Universität Peking, uns das sagte, waren wir erst einmal erstaunt. Dann wollten wir genauer wissen, wie sie zu einer solchen Auffassung kommt. Qi Chenrong erzählt:

»Vor einiger Zeit ist in der Fabrik, in der ich früher gearbeitet habe, folgendes passiert: Eine Frau aus der Spinnerei wurde schwanger. Sie ist schon seit ein paar Jahren mit einem Arbeiter befreundet. Verheiratet sind die beiden noch nicht, weil sie erst 23 Jahre alt ist, und der Mann ist auch noch nicht viel älter. Sie wollte das Kind auf jeden Fall bekommen. Sie sagte: ›In zwei, drei Jahren wird sowieso geheiratet, warum sollen wir nicht jetzt schon heiraten, wo ich nun mal schwanger bin?‹ Aber in der Fabrik gibt es ein Komitee für Familienplanung, und die Frau, die für solche Fragen verantwortlich ist, sagte: ›Nein, du kannst jetzt nicht heiraten. Es ist schon unmoralisch genug, daß du so ein Verhältnis eingegangen bist. Und wenn wir jetzt erlauben, daß ihr heiratet, ist das ein schlechtes Beispiel für die anderen. Am besten ist es, du läßt das Kind abtreiben.‹ Eine Abtreibung ist bei uns kostenlos. Die Frau hat hinterher vierzehn Tage frei und bekommt ihren Lohn trotzdem weiter.
Die Arbeiterin aber blieb hartnäckig. Sie wollte das Kind

unbedingt haben. Alle Kolleginnen, ihre Freundinnen, ihre Nachbarn und die ganze Familie waren gegen sie. Alle sagten, sie solle das Kind lieber abtreiben, denn ein uneheliches Kind würde eine große Belastung für sie bedeuten. Sie würde ihr Gesicht verlieren, weil sie unmoralisch gehandelt und sich nicht um die anderen Leute gekümmert habe. Aber die Arbeiterin hat ihr Kind gekriegt, unehelich. Das bedeutet, daß die Mutter ihr Kind nicht auf dem Einwohnermeldeamt anmelden kann. Die Folge ist, daß sie für das Kind keine Extrazuteilungen für die rationierten Lebensmittel bekommt und keine Baumwollmarken. Solange das Kind klein ist, hat es natürlich genug zu essen, denn die Mutter stillt es ein paar Monate lang, und wenn die Frau alt genug ist, also etwa fünfundzwanzig Jahre, dann wird sie heiraten können. Dann wird auch das Kind richtig angemeldet, und sie kriegt alles, was einem Ehepaar mit Kind zusteht. Aber ihr Gesicht hat sie verloren, und wir werden ihr das nicht so schnell verzeihen.

Warum? Sie hat überhaupt nicht daran gedacht, was das für das Kind bedeutet, wenn es unehelich geboren wird. Und sie hat erst recht nicht daran gedacht, was die anderen Frauen denken, die gerne ein Kind gehabt hätten, sich aber an die Vorschriften halten und mit dem Kinderkriegen bis später warten. Wenn sich jeder so verhalten würde wie diese Arbeiterin, dann würde hier alles drunter und drüber gehen. Wir hier in China haben es doch gerade erst geschafft, daß alle Menschen genug zu essen haben. Vor der Befreiung 1949 sind immer wieder Millionen von Menschen in Hungersnöten gestorben. Das Problem haben wir jetzt nicht mehr, aber nur, weil alles genau geplant wird: Es muß immer genug Reis, Gemüse und Fleisch für alle geben und noch zusätzliche Vorräte, um neue Hungerkatastrophen zu verhindern. Die Bevölkerung darf nicht zu schnell wachsen, weil wir sonst nicht genug Lebensmittel herstellen können. Damit jeder genug zu essen hat, dürfen jedes

Typische chinesische Kleinfamilie beim Einkaufen

Jahr nur eine bestimmte Anzahl von Kindern geboren werden. Für die ist dann aber auch gesorgt. Ich finde, es ist wirklich keine Privatsache, ob man ein Kind bekommt oder nicht. Das geht uns alle an, denn wenn zu viele Kinder geboren werden, haben wir alle weniger zu essen.

Wir haben in China eine staatliche Kommission für Bevölkerungspolitik. Sie teilt zum Beispiel der Stadt Peking mit, um wieviele Menschen die Stadtbevölkerung in diesem Jahr wachsen darf. Die Planungskommission der Stadt sagt dann jeder Fabrik, wieviele Kinder dort geboren werden können, zum Beispiel fünfzig in einem Jahr. Die Leute in der Einheit besprechen das dann im einzelnen: Alle Leute, die jung verheiratet sind, dürfen auf jeden Fall ihr erstes Kind kriegen. Ehepaare, die ein Kind haben, das schon älter als vier Jahre ist, dürfen auch ein zweites Kind beantragen. Aber eigentlich nur, wenn das erste Kind krank oder behindert ist.

Leute, die versprechen, nur ein Kind zu haben, bekommen heute in einigen Gebieten Chinas eine Geldprämie von etwa 5 bis 10 Yuan im Monat (= 2,50 DM bis 5,– DM). Eine Familie mit nur einem Kind hat einen besseren Lebensstandard. Das ist ein Anreiz für andere, auch auf ein zweites Kind zu verzichten. Ich selbst möchte später auch nur ein Kind haben. Einmal kann ich mich dann besser meiner Arbeit widmen, und zum anderen können wir uns dann schneller ein paar Sachen anschaffen, zum Beispiel einen Fernseher. Außerdem ist dann auch gesichert, daß das Kind einen Platz im Kindergarten bekommt. Die sind ja noch knapp, und daran hatte die Arbeiterin, die das uneheliche Kind bekam, auch nicht gedacht: Daß dieses Kind schließlich einem anderen den Kindergartenplatz wegnimmt.

In unserem Gesetz steht zwar, daß jeder Mann mit zwanzig und jede Frau mit achtzehn heiraten kann. Aber es ist besser, wenn man später heiratet, die Frauen mit fünfundzwanzig und die Männer etwa mit siebenundzwanzig Jahren. Dann hat jeder Zeit genug, seine Ausbildung zu beenden und auch sonst eigene Standpunkte zu finden. Das ist wichtiger, als früh zu heiraten. Außerdem gehen wir ja oft nach einer Lehre oder nach dem Studium in ganz andere Teile des Landes zum Arbeiten. Es ist für unser Land sehr wichtig, daß Leute als Arbeitskräfte auch in entlegenen Gebieten eingesetzt werden können. Das wird aber schwierig, wenn die jungen Leute schon verheiratet sind. Mein Bruder zum Beispiel hatte hier in Peking schon eine feste Freundin. Aber er ist in der Armee und wurde dann in Sichuan stationiert, über 2000 Kilometer von hier entfernt. Da konnte er das Mädchen natürlich nicht heiraten. Er war sehr traurig und auch böse. Aber gerade die Soldaten müssen das in Kauf nehmen. Nun hat er geschrieben, daß er sich mit einem Mädchen verlobt hat, das Telefonistin in der Armee ist.

Auf dem Lande ist natürlich alles noch ganz anders: Die Bauern wollen gern viele Kinder haben. Das ist schon früher so gewesen, und auch heute noch gelten viele Kinder als Altersversicherung. Auch sind Söhne noch immer beliebter als Töchter. Noch heute drängeln die Großeltern die jungen Ehepaare, so lange Kinder zu bekommen, bis schließlich ein Enkelsohn dabei ist. Mit zwei Enkelinnen geben sich viele nicht zufrieden. Wir müssen das unbedingt in den Griff kriegen, daß die Bevölkerung auf dem Land nicht mehr so schnell wächst. Sonst ist China reich an Kindern, doch Fortschritte können wir nicht machen. Aber wie soll man den Leuten auf dem Lande beibringen, daß sie weniger Kinder haben sollen?«

Nicht jeder kann so einsichtig sein wie Qi Chenrong. Die Bevölkerungspolitik wirft für viele Menschen große Probleme auf. Besonders die Bauern auf dem Land wünschen sich am liebsten mehrere Söhne, weil sie dann mehr Land pachten und den Arbeitsertrag steigern könnten. Deshalb mißachten sie häufig die bevölkerungspolitischen Vorschriften. Besonders wenn das erste Kind ein Mädchen ist, sind sie enttäuscht, denn die Tochter wird später aus dem Haus gehen und nichts zur Altersversorgung der eigenen Eltern beitragen. Bauern haben in der Regel mehr als nur das eine – erlaubte – Kind; in manchen Gegenden, wo die Menschen sehr arm sind, dürfen sie auch »offiziell« zwei Kinder bekommen. Wo die staatlichen Familienplanungsfunktionäre jedoch streng auf die Einhaltung der Ein-Kind-Norm achten, kommt es vor, daß schwangere Frauen zu Abtreibungen gezwungen werden. Ja, manche Bauern sind dann so enttäuscht über die Geburt einer Tochter, daß sie weibliche Neugeborene umbringen, aussetzen oder mißhandeln. Der Mord an unerwünschten Töchtern hat in China eine lange Tradition, denn aus wirtschaftlichen und religiösen Gründen wurden Söhne schon immer bevorzugt. Im Zuge der strikten Bevölkerungspolitik hat diese tödliche Sitte heute neuen Aufschwung genommen.

Bis zum Jahr 2080 will China seine Bevölkerung von derzeit 1,1 Milliarden Menschen auf etwa 700 Millionen »stutzen«. Diese Zahl haben Sozialwissenschaftler und Ökonomen als optimale Bevölkerungsgröße errechnet. Sie sind der Ansicht, daß China mit seinen jetzigen Ressourcen nicht mehr als 1,2 Milliarden Menschen ernähren kann. Wird diese Grenze überschritten, wären Hungersnöte und soziale Verelendung die verheerenden Folgen.

Um dem vorzubeugen, sollen die Frauen eine Generation lang nur ein Kind bekommen. Wenn das erste Kind stirbt, sehr krank oder behindert ist, dürfen die Eltern einen Antrag auf ein zweites Kind stellen.

Allerdings nur, wenn die Krankheit des Kindes nicht erblich bedingt ist.

Wie wird diese Politik in China durchgesetzt?

Die Ehepaare verpflichten sich, nur ein Kind zu haben und unterschreiben den sogenannten »Ein-Kind-Paß«. Dafür erhalten sie eine Reihe von Vergünstigungen, die ihnen den Verzicht auf mehrere Kinder erleichtern. Sie bekommen eine größere Wohnung und erhalten zu ihrem Lohn eine Geldprämie. Das Kind wird bei der Verteilung von Kindergartenplätzen bevorzugt behandelt; die Vorteile reichen bis hin zur Lehrstellenvergabe. Sollten die Eltern ihr Versprechen brechen und doch noch ein weiteres Kind bekommen, müssen sie alles Geld zurückzahlen und verlieren alle Vergünstigungen.

Aber auch schon vor der Geburt des Einzelkindes wird einiges dafür getan, daß Kinder nur planmäßig geboren werden. Der Staat propagiert die »späte Heirat«, das heißt, Frauen sollen erst mit 25 Jahren heiraten. Auch das »späte Gebären« – obgleich medizinisch umstritten – gehört zur Bevölkerungspolitik. Natürlich sind alle Verhütungsmittel erhältlich, allerdings nur für Verheiratete. Sexuelle Beziehungen vor oder außerhalb der Ehe sind tabu, und es ist unmöglich, ein uneheliches Kind zur Welt zu bringen. Eine Schwangerschaftsunterbrechung ist legal und ohne Probleme bis zum dritten Monat möglich. Verheiratete Frauen, die ein Kind haben möchten, müssen die Erlaubnis bei dem zuständigen Familienplanungsbüro einholen.

Die Bevölkerungspolitik in China beruht natürlich auf Zwang. Aber viele Männer und Frauen sehen ein, daß es vernünftig ist, die Bevölkerungszahl zu kontrollieren und beugen sich diesem Zwang »freiwillig«. In den Städten wollen 90 Prozent aller jungen Ehepaare nur ein Kind. Die Entscheidung fällt hier leichter, denn Wohnungen sind knapp, klein und eng; die Kinder werden in den städtischen Gebieten für die Altersversorgung nicht gebraucht, denn Arbeiter und Angestellte erhalten eine staatliche Rente. Mädchen werden außerdem nicht so sehr diskriminiert wie auf dem Lande, daher sind viele Städter auch mit »nur« einer Tochter sehr zufrieden. Die Bauern dagegen kommen mit dieser Politik nur schwer zurecht.

Manchmal geraten die Mütter in eine schreckliche Zwickmühle. Sie wollen vielleicht nur ein Kind und möchten sich an die Vorschriften halten, doch der Mann will dringend noch einen Sohn und setzt seine Frau unter Druck. Wenn sie nachgibt, bekommt sie Ärger mit dem Familienplanungsbüro, gibt sie nicht nach, hat sie zu Hause Probleme. Statistiken belegen, daß die meisten Frauen nachgeben: Die durchschnittliche Kinderzahl auf dem Land liegt immer noch höher als zwei.

Nicht nur aus Sorge um die Ernährung will der chinesische Staat das Bevölkerungswachstum bremsen. Das Land soll in den nächsten Jahrzehnten auch »modernisiert« werden und das Etikett »Entwicklungsland« abstreifen. Die Menschen sollen mehr verdienen, sich mehr kaufen und besser leben können. Maschinen sollen endlich die harte landwirtschaftliche Arbeit erleichtern, Fabriken rationeller und besser produzieren. Das alles kostet viel Geld. Bisher wird ein Drittel des nationalen Einkommens für die Kinder ausgegeben: 30 000 Babys werden jeden Tag in China geboren. Sie futtern die wirtschaftlichen Zuwachsraten buchstäblich auf. Hier möchte die chinesische Regierung also sparen: Wenn weniger Kinder geboren werden, steht mehr Geld zur Verfügung für Schulen und bessere Ernährung, für neue Maschinen und vieles andere mehr.

In vielen Ländern verzichten Eltern zugunsten eines höheren Lebensstandards auf Kinder. Doch darf eine Regierung den Menschen diesen Verzicht aufzwingen?

Chinese ertränkte kleine Tochter

Peking (ap). In China wurde am Wochenende ein neuer Fall bekannt, in dem ein kleines Mädchen vom Vater umgebracht wurde, weil dieser einen Stammhalter haben wollte und mit zwei Kindern in Konflikt mit der offiziellen Politik geraten wäre. Wie das Organ des Kommunistischen Jugendverbandes am Sonnabend meldete, warf der Bauer Liu Chunshan in der Provinz Schantung seine vierjährige Tochter in einen Brunnen, rauchte, während das Kind im Wasser um sein Leben kämpfte und verzweifelt »Papa« schrie, eine Zigarette und ließ das Kind ertrinken.

Nach Darstellung der Zeitung war die Frau des Bauern schwanger, und ein Wahrsager hatte prophezeit, das noch ungeborene Kind werde ein Junge sein. Um nicht mit den Bestimmungen der Geburtenkontrolle in China in Konflikt zu geraten, nach denen ein Ehepaar in der Regel nur ein Kind haben darf, entschloß sich der Vater deshalb, zugunsten des erhofften Sohnes die Tochter aus dem Weg zu räumen. Am 1. Dezember habe er das schlafende Mädchen genommen, sei zu dem vorher ausgesuchten Brunnen gegangen und habe das Kind ertränkt, meldete die Zeitung. Am nächsten Tag habe er vorgetäuscht, verzweifelt nach der angeblich »verschwundenen« Tochter zu suchen. Der Bauer wurde der Zeitung zufolge inzwischen zu 15 Jahren Gefängnis verurteilt. Das Blatt vermerkte, daß seine Frau am 14. Januar einem zweiten Kind das Leben schenkte, einem Mädchen.

Weserkurier, 7.2.1983

Plakate werben für die Modernisierung des Landes

Eine Frau soll nicht zuviel reden
Ein Gespräch mit der Germanistin Jing-bo

Im Jahre 1978 kam die chinesische Deutsch-Studentin Jing-bo zum ersten Mal in die Bundesrepublik, sie blieb damals zwei Jahre. Die Germanistin, die aus Shanghai stammt und perfekt Deutsch spricht, schreibt augenblicklich in einer norddeutschen Universitätsstadt ihre Doktorarbeit. Darin vergleicht sie chinesische und deutsche Umgangsformen.
Jing-bo ist heute 33 Jahre alt und seit drei Jahren mit einem chinesischen Arzt verheiratet, der ebenfalls im Ausland eine Fortbildung macht. Nur zwei Schriftzeichen aus Papier, die zum neuen Jahr Glück wünschen, erinnern in der gemütlichen Studentenbude des Wohnheimes daran, daß hier eine Chinesin wohnt.
Jing-bo erinnert sich heute, zehn Jahre später, mit einem leisen Lächeln an ihre erste Reise in den Westen.

»Zum ersten Mal kam ich kurz nach der Kulturrevolution in die Bundesrepublik. Unsere Studentengruppe hatte sich sehr schlichte, dunkle Anzüge ausgesucht, weil wir dachten, das sei etwas ganz Westliches. Doch es war katastrophal. Ich trug außerdem denselben schwarzen Mantel wie die Männer, wir waren also alle einheitlich angezogen. Wenn ich alleine wegging, machte mir das nichts aus, aber wenn alle Chinesen zusammen waren und wir alle denselben Mantel anhatten, war mir das sehr unangenehm.

Ich wurde damals oft gefragt, wie die Situation der Frauen in China ist. Und ich habe immer geantwortet: ganz klar emanzipiert, wirtschaftlich und auch politisch. Daß die Frauen in der Bundesrepublik manchmal Hausfrauen sind, das wäre in China unmöglich. Die Bezeichnung »Hausfrau« ist in China fast ein Schimpfwort. Daraus habe ich beim ersten Aufenthalt geschlossen, daß die Frauen in China viel emanzipierter sind.

Inzwischen sehe ich das differenzierter: In China können wir es uns einfach nicht leisten, »nur« Hausfrau zu sein, während das in Deutschland geht. Ich selbst wollte zwar nie Hausfrau sein, aber ich kann mir gut vorstellen, daß einige chinesische Frauen gerne zuhause bleiben würden. Zum Beispiel die Textilarbeiterinnen, die in drei Schichten arbeiten. Wenn deren Männer soviel verdienen würden, daß sie zuhause bleiben könnten, fänden das viele sicher ganz angenehm.

Es ist gut, daß unsere Regierung den Frauen die Möglichkeit gibt, wirtschaftlich gleichberechtigt zu sein. Aber ob auch das entsprechende Bewußtsein da ist?

In der Bundesrepublik reden die Frauen viel über Emanzipation, in China setzen sich die Frauen weniger mit dem Thema auseinander. Eine Frau ist froh, wenn sie eine gute Ausbildung hat, und dann wünscht sie sich noch einen erfolgreichen Mann.

Auch der chinesische Frauenverband sagt weniger, die Frauen sollen sich »emanzipieren«, sondern wendet sich mehr gegen Mißstände. Der Verband fordert zur Zeit hauptsächlich, daß Frauen nicht mißhandelt werden sollen. Es wird immer wieder berichtet, daß eine Frau eine ganze Menge Schwierigkeiten bekommt, wenn der Mann nach der Eheschließung merkt, daß sie nicht mehr Jungfrau ist. Ich habe von einem Fall gelesen, da wurde die Frau aus dem Bett geworfen und geschlagen. Aus diesem Grund wird in der Zeitung des Frauenverbandes immer wieder darauf hingewiesen, daß eine Frau auch durch starke körperliche Arbeit entjungfert werden kann. Das irritiert mich doch ein bißchen, denn diese Argumentation setzt doch voraus, daß sie Jungfrau bleiben muß. Das hat mich manchmal schon geärgert, daß sich die Männer überhaupt nicht derart rechtfertigen müssen.

Reden die Studentinnen an der Universität denn über die Frauenemanzipation?

Auch sehr, sehr wenig. Das ist mir aufgefallen, daß die deutschen Studentinnen – vielleicht nicht zu viel – aber doch sehr viel darüber reden. Ich werde in der Bundesrepublik immer wieder gefragt, wie ich mich als Frau fühle. In China passiert das selten. Die chinesischen Frauen meinen eben, sie sind schon gleichberechtigt.

Als Kind hatte ich nie das Gefühl, als Mädchen zurückgesetzt oder mißachtet zu werden. Ich war wie alle anderen, bin zur Schule gegangen und später auf die Universität. Erst in dem Alter, als ich heiratete, merkte ich, daß ich als Frau doch anderen sozialen Erwartungen ausgesetzt bin.

Muß eine Frau in China heute immer noch heiraten?

Aber natürlich, ich kann nicht ohne weiteres sagen, ich bleibe alleine, das geht nicht. Dauernd wirst du danach gefragt, diese Fragerei ist ein Terror. Auch meine Eltern meinten, es wäre nun allerhöchste Zeit. Wir nehmen ja viel Rücksicht auf die Wünsche der

Eltern, auch deshalb mußte ich mich beugen. Ich habe erst mit dreißig geheiratet. Für mich ist wichtig, daß sich die Partner kennen und respektieren. Für mich ist die Heirat an sich nicht so wichtig. Wenn der Druck nicht gewesen wäre, hätte ich vielleicht noch später geheiratet.

Wurde deine Ehe vermittelt?

Bei mir war das gemischt: Wir wurden von einer Freundin vermittelt, hatten uns aber schon vorher kennengelernt. Wir passen gut zusammen. Die Vermittlung ist wichtig, weil wir nicht so viele Kontaktmöglichkeiten haben. In Deutschland werden zum Beispiel sehr viele Parties veranstaltet, bei uns nicht. Hier geht man in die Kneipe, das kennen wir nicht. Ich kann in China höchstens in das Teehaus gehen, wo meistens die alten Männer sitzen.

In meiner Generation wurden Freundschaften an der Universität nicht geduldet, weil das angeblich dem Studium schadete. Manch ein Student und manch eine Studentin mußten deshalb Selbstkritik üben. Heute tolerieren die Lehrer solche Freundschaften. Ich finde Freundschaften an der Universität nicht verwerflich. Eine Akademikerin, die nach der Universität in einer Fabrik eingesetzt wird, hat doch Schwierigkeiten, unter den Arbeitern einen Mann zu finden. Es gibt dort nur wenige Akademiker, und die älteren sind in der Regel verheiratet, deshalb bleiben ihr nach der Universität weniger Wahlmöglichkeiten.

Gehen die jungen Leute vor der Ehe zusammen ins Bett?

Das bitte, wenn überhaupt, ganz im Geheimen lassen, ganz im Geheimen. Wenn eine unverheiratete Frau zum Beispiel schwanger wird, dann heißt es, raus aus der Uni, auch wenn sie die Schwangerschaft unterbricht. Das ist sehr hart für die Studentin. Das ist mir sehr aufgefallen, daß eine Frau in Deutschland mit einem Kind die Universität besuchen kann, das ist wirklich vollkommen anders als bei uns.

Kannst du noch ein paar Unterschiede zwischen der Volksrepublik China und der Bundesrepublik Deutschland nennen, die dir aufgefallen sind?

Höflichkeit wird in China sehr groß geschrieben. Hier hat Höflichkeit eher einen schlechten Beigeschmack: Höflichkeit gilt fast als eine Maske.

Eine Frau in China, die sehr offen ist und andere kritisiert, bekommt zu hören, sie sei zwar klug, aber zu »extrovertiert«. Bescheidenheit wird in China groß geschrieben, besonders bei den Frauen. Eine Chinesin muß ernst und würdevoll sein. Es gibt dafür das chinesische Wort »zhuang zhong«, das ist das Gegenteil von leichtsinnig: Eine Frau soll nicht zuviel reden, nicht zu offen sein. Und wenn sie lacht, bitteschön nicht zu laut. Früher hieß es, eine Frau, die lacht, darf die Zähne nicht entblößen. Heute kann ich das zwar tun, aber es sind noch Überreste von solchen Vorstellungen da. Wenn eine Frau zu offen ist, gibt es im Shanghaier Dialekt die Bezeichnung »13 Punkt«. Das bedeutet, diese Frau redet nur so drauflos, unbedacht und unüberlegt.

Es gibt viele deutsche Frauen, die mir sehr sympathisch sind, aber wenn eine Frau zu offen ist, wenn sie mit mir zum Beispiel über das Thema Feminismus redet, in dem Sinne gegen die Männer zu kämpfen, das stört mich schon.

Deutsche Freunde von mir waren geschockt, daß ich meinen Mann nicht auf dem Bahnsteig umarmte, als er mich besuchen kam. Aber in der Öffentlichkeit umarme ich meinen Mann niemals. Wir unterscheiden stärker zwischen der Öffentlichkeit und der Privatsphäre. In China offenbaren wir die Emotionen weniger. Das Verhalten gegenüber meinem Mann ist sehr privat. Sich umarmen, das ist nur »innen« möglich, aber niemals »draußen«. Eine deutsche Frau oder einen deutschen Mann dagegen kann ich umarmen, weil ich mich angepaßt habe. Aber mit einem chinesischen Mann ist das bis heute unmöglich.

Als ich in der Mittelschule war, hat eine Mitschülerin eine andere Frau kritisiert, weil sie ihrem Freund öfters den Hemdkragen zurechtgezupft hat. Die Mitschülerin hat gemeint, das sei ja unverfroren, das dürfe sie sich höchstens zuhause erlauben. Heute hat sich das Verhalten geändert, so etwas wird jetzt geduldet, genau wie das Händchenhalten.

Die jungen Leute sind viel freier geworden. Sie sagen, meine Generation gehöre zu den siebziger Jahren, sie dagegen zu den Achtzigern. Als ich nach meinem ersten Aufenthalt in der Bundesrepublik zurückkam, lebte ein Paar schon vor der Hochzeit zusammen. Ich war schockiert und dachte: ›Mensch, das gibt's auch schon in China!‹ Ich muß das aber akzeptieren.

Auch die Bevölkerung ist solchen Erscheinungen gegenüber toleranter geworden. In Shanghai beispielsweise wird das Heiratsalter sehr hoch angesetzt. Frauen dürfen in meiner Heimatstadt erst mit fünfundzwanzig, Männer mit siebenundzwanzig Jahren heiraten. Und oft können sie auch dann nicht heiraten, weil sie keine Wohnung bekommen. Sind keine Wohnungen da, müssen die Älteren solche Verhaltensweisen in der Öffentlichkeit eben akzeptieren. Die soziale Lage erzwingt so das freiere Denken.

Einen Deutschen zu heiraten – hättest du dir das jemals vorstellen können?

Also, die Scheidungsquote in der Bundesrepublik ist für mich zu hoch. Für mich geht man hier zu weit: Die Leute heiraten und lassen sich hinterher scheiden.

Ich wurde immer wieder gefragt, wie das Verhältnis zwischen mir und meinem Mann ist, weil wir im Augenblick nicht zusammenleben. Aber ich habe Vertrauen zu ihm. Die Sicherheit ist mit einem chinesischen Mann viel größer. Die Chinesen sind sehr, sehr familiengebunden. Das würde mir hier auch im Alter fehlen. Ich wollte nicht als alter Mensch in der Bundesrepublik leben, wo sich Alte und Junge oft nur an Weihnachten und an Geburtstagen sehen.

Möchtest du noch Kinder haben?

Auf jeden Fall. In China heißt es, und das ist ganz traditionell: man will ein Kind haben für das Alter. Ich kann mir mein Leben im Alter ohne ein Kind nicht vorstellen.

Aber ich gerate zum Teil ein bißchen in einen Widerspruch. Ich will unbedingt meine Doktorarbeit schreiben, weil das während der Kulturrevolution nicht ging. Ich will zuerst das fertigmachen, was ich mir jahrelang gewünscht habe, da bin ich konsequent. Aber manchmal muß ich mich auch selbst dazu überreden, das Kinderkriegen noch ein bißchen aufzuschieben. Wenn ich mit der Arbeit fertig bin und nach China zurückgehe, bin ich 35 Jahre alt, das ist gar nicht mehr so früh.

Du darfst nur ein einziges Kind bekommen. Ist das für dich ein persönliches Opfer?

Ich bedaure schon, daß ich nicht die Möglichkeit habe, zwei Kinder zu bekommen – obwohl ich vielleicht nur ein Kind haben möchte. Ich würde es gerne offen lassen und für mich selbst entscheiden können. Andererseits muß ich diese Notwendigkeit einsehen, weil das in China wirklich eine Bevölkerungsexplosion gäbe, wenn jeder mehrere Kinder haben würde. Also muß ich das akzeptieren, wenn auch widerwillig.

Zum Weiterlesen

Bertram, Helga: Der lange Marsch zum Himmelreich. Chinesische Frauen erzählen. Darmstadt-Neuwied: Luchterhand 1987

Chow Ching Lie: Die Sänfte der Tränen. Frankfurt: Ullstein 1983

Ding Ling: Das Tagebuch der Sophia. Frankfurt: Suhrkamp 1980 (Bibliothek Suhrkamp 670)

Fisher-Ruge, Lois: Alltag in Peking. Eine Frau aus dem Westen erlebt das heutige China. Frankfurt: Fischer 1983

Gipoulon, Catherine: Qiu Jin. Die Steine des Vogels Jingwei. Frau und Revolutionärin im China des 19. Jhs. München: Frauenoffensive 1977

Liang Heng, Judith Shapiro: Ich, Liang Heng, Sohn der Revolution. Ein Bericht. München: Kindler 1984

Meulenbelt, Anja: Kleine Füße, große Füße. München: Knaur 1984 (Frauen und Literatur)

Pu Yi: Ich war Kaiser von China. München: Deutscher Taschenbuch Verlag 1987 (dtv 10710)

Scheerer, Ann Kathrin: Zopfkopf. Eine Geschichte aus dem China von heute. Reinbek: Rowohlt 1986

Yu Luojin: Ein Wintermärchen. Bonn: Engelhardt-Ng 1985

Yue Daiyun: Als hundert Blumen blühen sollten. München-Bern: Scherz-Verlag 1986

Zhang Jie: Fangzhou. Die Arche. München: Frauenoffensive 1985

Zhang Kangkang, Zhang Jie: Das Recht auf Liebe. Drei chinesische Erzählungen zu einem wiederentdeckten Thema. München: Simon & Magiera 1982

Quellennachweis

Die im Buch wiedergegebenen Textauszüge sind folgenden Ausgaben entnommen:

Seite 15. »Kinhua«. Frauenbefreiung in China. Frankfurt a. M.: Verlag Roter Stern 1971, S. 57

Seite 21. Pruitt, Ida: A Daughter of Han. The Autobiography of a Chinese Working Woman. Stanford: Stanford University Press 1967

Seite 24–25. Gipoulon, Catherine: Qiu Jin. Die Steine des Vogels Jingwei. Frau und Revolutionärin im China des 19. Jhs. München: Frauenoffensive 1977, S. 96: 103/104; 105 (Zitat leicht abgeändert)

Seite 26–30. Smedley, Agnes: Lebenswege in China. Begegnungen. Berlin: Oberbaum Verlag 1979, S. 24–28 (Zitat leicht abgeändert)

Seite 31–33. Smedley, Agnes, a.a.O. S. 57; 63–64

Seite 34–36. Smedley, Agnes, a.a.O. S. 58–59

Seite 37–38. Kisch, Egon Erwin: China Geheim. In: Gesammelte Werke in Einzelausgaben. Hg. von Bodo Uhse und Gisela Kisch. Berlin und Weimar: Aufbau-Verlag 1977, S. 482 ff. (Das Zitat wurde aus dem Kapitel ›Kinder als Textilarbeiter‹ von den Autorinnen zusammengestellt.)

Seite 39–40. Smedley, Agnes, a.a.O. S. 95–97 (Zitat leicht abgeändert)

Seite 42–45. Myrdal, Jan: Bericht aus einem chinesischen Dorf. München: Deutscher Taschenbuchverlag 1974 (4. Aufl.), S. 198–199; 200–201

Seite 77. Worte des Vorsitzenden Mao Tse-tung. Peking 1967, S. 350

Wir danken allen Verlagen für die Genehmigung zum Abdruck.

Bildnachweis

Abegg, Lily: Vom Reich der Mitte zu Mao Tse-tung. Luzern und Frankfurt/M.: Verlag C.J. Bucher 1966, S. 12/13 (Ullstein Bilderdienst), 109 und 116 (beide Gillhausen, Stern); Bonavia, David: Peking. Time-Life International (Nederland) B.V. 1978, S. 17 (School of Oriental and African Studies. London), 23 und 89 (beide Peter John Griffiths); Kerner/Scheerer, S. 4, 44, 48/49, 52/53, 56, 59, 70/71, 76, 78/79, 97, 100, 108, 112, 121, 125, 129, 136/137; Kuntze, Peter: Mao Tse-tung. Hamburg: Cecilie Dressler 1977, S. 19; Materialien zu China. Gesellschaft für Deutsch-Chinesische Freundschaft, München, S. 20; Schafer, Edward H.: Das Alte China. Time-Life International (Nederland) B.V. 1968, S. 35; Schicht, Peter, und Küchler, Ulla und Johannes: China. Luzern und Frankfurt/M.: Verlag C.J. Bucher 1978, S. 41, 64, 84, 85, 114, 118.
Wir danken allen Fotografen und Verlagen für die Genehmigung zum Abdruck.

dtv pocket
lesen – nachdenken – mitreden

Werner J. Egli

Samtpfoten auf Glas

dtv pocket 7876

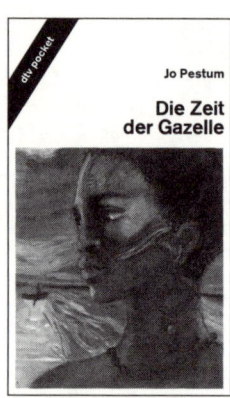

Jo Pestum

Die Zeit der Gazelle

dtv pocket 7877

Selma Noort

Eine Hängematte zu zweit

dtv pocket 7881

Monica Hughes

Jäger in der Nacht

dtv pocket 7879

Zibby Oneal

Bist du traurig, Spiegelbild?

dtv pocket 7878

Renate Welsh

Eine Hand zum Anfassen

dtv pocket 7880

dtv pocket
lesen – nachdenken – mitreden

Annelies Schwarz
**Wir werden uns
wiederfinden**
Die Vertreibung einer Familie

dtv pocket 7820

Annelies Schwarz
**Die Grenze-
ich habe
sie gespürt!**
Eine Kindheit in Deutschland-Ost
und Deutschland-West
1945–1950

dtv pocket 7846

Annelies Schwarz
**Hamide
spielt Hamide**
Ein türkisches Mädchen
in Deutschland

dtv pocket 7864

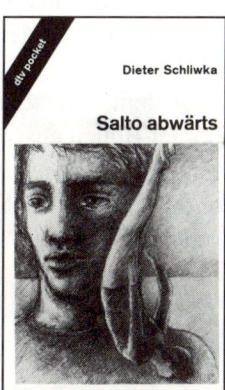

Dieter Schliwka
Salto abwärts

dtv pocket 7874

Lotte Betke
**Lampen
am Kanal**

dtv pocket 7875

Sie ist 21 Jahre alt; sie verteilt zusammen mit ihrem Bruder Flugblätter gegen Hitler; sie wird verhaftet und hingerichtet: Für Sophie Scholl, Arbeitsmaid, Rüstungshelferin, Biologiestudentin und Mitglied der »Weißen Rose«, endete am 22. Februar 1943 ein kurzes Leben voller Träume und Hoffnungen. Warum sich Sophie Scholl bewußt gegen das Leben und für den Tod entschied, versuchen die

Schwestern, Freunde und Freundinnen, die Lyrikerin Ilse Aichinger und andere in Gesprächen zu klären. Ein seltenes, ein erschütterndes Dokument über ein Mädchenleben in unheilvoller Zeit.

Hermann Vinke, geboren in Emsland, lebt zur Zeit als ARD-Korrespondent in Washington. Davor war er Hörfunkkorrespondent der ARD in Tokio, Redakteur des Norddeutschen Rundfunks in Hamburg und verschiedener Tageszeitungen.

Dieses Buch wurde mit dem Deutschen Jugendsachbuchpreis und dem Buxtehuder Bullen ausgezeichnet.

Hermann Vinke, *Das kurze Leben der Sophie Scholl*.
Mit einem Interview mit Ilse Aichinger
Lam. Pappband, 189 Seiten, DM 22,–
ISBN 3-473-35087-7

Ravensburger Buchverlag Otto Maier GmbH